Let's go on ADventures

迷っている
親子のための
受験のすすめ

中学受験は挑戦したほうが100倍子どものためになる理由

表紙カバー・表紙イラスト、扉英字／上田みゆき

もくじ

第4章　親ができること part 2

まえがき

わが子に中学受験をさせることにためらいを抱くのは、とても自然なことです。「この子には私学は向かないのじゃないかしら」「高校入学のときに受験させればいい」「小学校のうちは勉強でつらい思いをさせたくない」「お金だって、かなりかかるし、塾や夏期講習に行くとなると……」などなど、１００％イケイケとは、なかなかならないものです。

また、いったんは塾に行かせたりして中学受験を目指しても、「成績が伸びない」「子どもがイライラしている」という現実に直面すると、わが子に対して「もうやめようか？」とか、「受験どうする？」などと聞くようなことになります。

5年生まではともかく、6年生の夏休み過ぎに「どうする？」「ちゃんとやらないんだったら、もう受験やめる？」などと問われる子どもの身になってください。多くの子どもたちは思いどおりの結果が出ずに悩み、よそんちの子に先に進まれることで焦り、自分でも葛藤を抱えつつ、しかしそれでも「受験はあきらめない」と心の中でつぶやいています。親の「やめる？」がその子どもたちの葛藤を増幅し、いっそうつらい思いをさせるとしたら、それは本来の目的に沿わないことになります。

本来の目的？　中学受験の目的？　「それは合格させることだろ？」と当たり前のように思っている方々こそ、この本を読む資格があります。

そうです！　この本は「不合格だったら意味がない」への挑戦本です。

＊

さて、中学受験の道のりにはストレスがつきものです。しかし、ストレスを怖がる必要はありません。ストレスをバネに5点でも10点でも高得点をあげればいい。

世間では「キラーストレス」などという造語が使われ、あたかもストレスが殺し屋であるがごとくのイメージを抱かせるムキもあります。そもそもストレスとは殺し屋でもなんでもなく、その反対に生命を脅威から守る大切な仕組みです。それなのに「キラー」よばわりされるのは、ストレスの暴走が、ときには命にかかわるような事態を招くことがあるからです。これはクルマにたとえることができます。暴走すればクルマも命を奪います。でも交通渋滞を見て「キラーカー」が行列しているなどとは言いません。ストレスも上手に〝運転〟すれば、目的地に行くのに役に立ちますし、暴走さえ防げばキラーなどにはなりません。このストレスの運転こそがストレスマネジメントなのです。

この本にはその運転方法が書かれています。

ストレスマネジメントにより、数週間あるいは数年に及ぶ準備期間をさわやかで効率のよいものにし、試験の本番でも「ウッカリミス」や「覚えたはずのことが思い出せない」

というもったいない事態を防いで、「ぜひ」を実現しましょう。

＊

ところで、もしもあなたが、「うちの子に中学受験させる気もない、だから葛藤もない」というのでしたら、正体を明かしますが、実はこの本は単なる中学受験本ではないのです。トロイの木馬みたいな本なのです。一見、木馬の体裁（中学受験本）をなしていますが、木馬の内部には、ある一つの使命を帯びた「兵士」が隠れています。

その使命とは、「苦境から立ち直り、やり抜く力を持ち、うちや、よそんちの人々に対する敬意をもった一人前の自立した人間に子どもたちを育てる」ということ。

ですから、中学受験に今ひとつ関心のないあなたであっても、この本からどんな「兵士」が飛び出すかを楽しみに、ぜひともお読みいただきたいのです。

第１章

中学受験は親子の冒険旅物語

若いうちの苦労は買ってでもさせよ、買ってでもせよ

子どもたちが旅に出て、苦労を重ね、成長して帰還する。

これは児童文学のひとつの定型です。なぜでしょうか。

まず誰にとっても明らかなことですが、すべての動物は自分の子どもの臨終まで世話をするようには仕組まれていません。子どもが親を見送ることはあっても、その逆は例外です。だから子どもは親の手助けなしで、自分が死ぬそのときまで生き抜かなくてはならない。最期までやり抜く力を子どもが身につける必要があることの論拠は、この親子の摂理に根ざしています。

次にはっきりしていることは、人は一人ぼっちでは最期までやり抜けないということです。このことは「最初」に焦点をあててみれば明らかです。産み落とされた乳児は他者の存在なくしては生き抜けません。人生の最初の体験は、他者に抱きかかえられることです。人はお互いに支え合いながら生き抜くしかないのです。また、孤独死というものは誰にも起こりえます。しかし、その直前まで、衣食住のほとんどすべてにわたって、「他者のおかげ」なしには生活は成り立ちません。

《たとえどんなにつらくても苦しくても、お互いに支え合いながら最後までやり抜け！》

これが私が子どもたちに向けて発したい大号令です。そしてそれができるようになるためには何をしたらいいかが、実は本書の主題でもあるのです。

私は「若いうちの苦労」のひとつとして中学受験を考えます。なぜ中学受験をさせるのがよいことなのかは、あとのほうで書きますが、その前に児童文学、とりわけ冒険旅物語について少し考えてみたいと思います。

まず、冒険を「安全地帯から外に踏み出すこと」と定義してみましょう。

「安全地帯」とは文字どおり「安全」で「結末や様子が知れていて」「自分の能力で対処可能で」「楽ちんで」「そこにいればホッとできて心身が休まる」ような「空間・時間・人間関係」のことです。そこではストレスを感じることは皆無かほんのわずかです。第3章でくわしくお話ししますが、愛着理論の先駆者で精神科医のジョン・ボウルビイは「心の安全基地（Secure Base）」という概念を提唱しています。私はこれをもう少し広義に捉えて「心の安全地帯」とよんでいます。

たとえば、おうちの居間の炬燵でテレビを見ながらミカンを食べている景色も「安全地帯」的です。外では雪が降っていますが、室内で交通事故にあうことは想定できないし、戸締りさえしっかりしておけば、暴漢に襲われることもない。ポカポカ、ゴロゴロ、スヤスヤ。

ところが、一生をポカポカ、ゴロゴロ、スヤスヤだけで過ごすことはできません。炬燵の電気代を払い、ミカンを買うために働きに出なければならない。ですから、大人は身支度をして外に出かけます。雪道は滑りやすく、もしも電車が止まっていたなら、凍てつく寒さの中で運行回復を待たなくてはいけません。これすなわち、「安全地帯から外に踏み出す」ことです。

あるいは、何を血迷ったか、年頭にあたり目標なんかを立ててしまったとします。目標とは現状とは異なるものを目指すことです。つまり目標を立てて背伸びをすることも「安全地帯から外に踏み出すこと」となります。

あるいは、授業中の場面。田中ドン君は先生の説明がイマイチ腑に落ちません。手を挙げて聞いてしまおうか、迷っています。このまま「腑に落ちないけれど、マッイイカ」ですませば楽ちんです。一方、手を挙げて質問したら、「そんなこともわからないのか」とバカにされる心配もあります。この場合、手を挙げずにすますのが「安全地帯に留まること」であり、挙手はそこから踏み出すこと、すなわち冒険になります。

桃太郎も、『指輪物語』のフロド・バギンズも、三蔵法師も、鑑真和上も、水戸黄門も、後述するミオも、おうちや故郷やお城という「安全地帯から外に踏み出した」冒険者たちです。

そして中学受験を目指すお子さんが前出の冒険者たちの仲間であるなら、家族は犬猿キジであり、助さん格さんのような冒険のお供です。中学受験の性質は、「不安」「結果や様子が知れない」「自分の能力で対処可能かどうかわからない」「楽ちんじゃない」「心身がくたびれる」、すなわち「安全地帯の外へ踏み出すこと」であり、とりもなおさずこれは冒険なのです。主人公は受験生、家族はお供。中学受験を親子の冒険物語とよんでよさそうでしょ？

支え合えるための土台――自ら立ち、支え、支えられる

『自由と規律――イギリスの学校生活――』（池田潔著／岩波新書）という、英国のパブリックスクールでの教育について書かれた名著があります。パブリックスクールというのは「パブリック／公共の」という言葉とは裏腹に、伝統ある寄宿制の私学のことであり、日本での私立の中高一貫校にあたります。ハリー・ポッターが学ぶホグワーツ魔法魔術学校を思

い起こしていただければ、当たらずとも遠からずです。この本の中で、著者はパブリックスクールの生徒たちが外出もほとんど許されず、映画観劇の楽しみもなく、服装は厳しく点検され、粗食に我慢をしなければいけない、そういう自由がない厳しい寄宿生活は何のためにあるのだろうかと問い、このように続けます。

「すべてこれ等のことは自由の前提である規律に外ならない。自由と放縦の区別は誰でも説くところであるが、結局この二者を区別するものは、これを裏付けする規律があるかないかによることは明らかである。社会に出て大らかな自由を享有する以前に、彼等は、まず規律を身につける訓練を与えられるのである。（中略）彼等は、自由は規律をともない、そして自由を保障するものが勇気であることを知るのである」

英国のパブリックスクールでは自らを律する力を育むことが重視されており、そして、その力を持っていない人間には次の世代を託したくないという人々の思いがあるといいます。

自分を律すること、つまり自分が自分のボスになること。そういう能力と考え方を育てることは、決して誰にも支配されることのない、そして他人を支配しようともしない人間を育てることでもあるといいます。

下の図のように、「自らを律すること」は、「言われるがままに他人に支配される（他律）」と「やりたい放題（放縦）」のバランスの上に乗っているということができます。この他律と放縦のバランスの中で、自らを律する力をどこでどのように育てるかということは、英国だけでなく、すべての子どもたちにとってもとても重要なことだと私は思います。

とはいえ、その時代の世の中の風潮によって、他律と放縦のどちらかに偏ってしまうのがふつうで、パブリックスクールでのようになかなか厳格にできるものではありません。子どもに好き勝手にやらせる親か、子どもを一方的に支配する親か、そのどちらかに傾いてしまうのではないでしょうか。

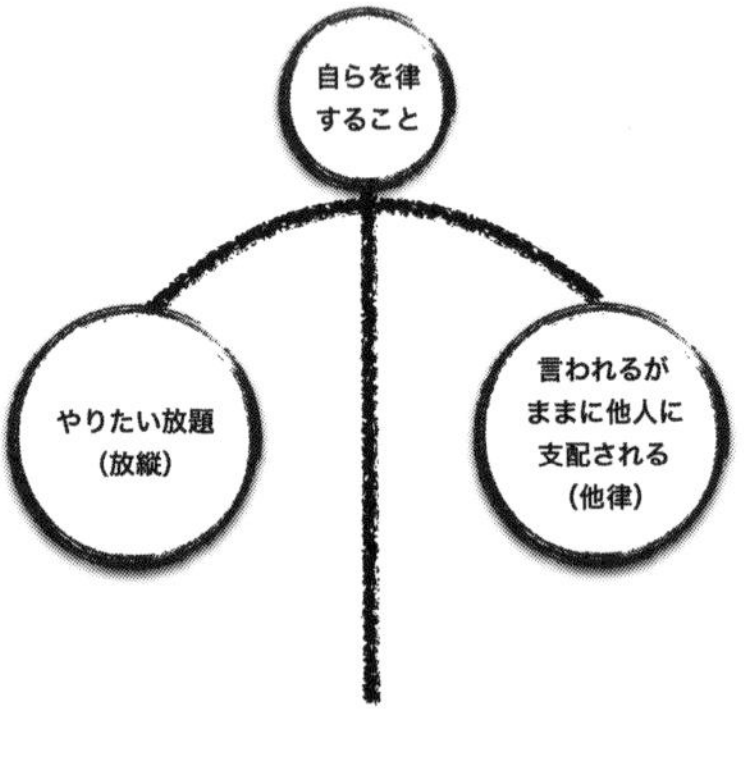

だからこそ私は思うのです。ピアノが上手になりたいから遊ぶのを我慢してピアノの練習をする。サッカーがうまくなりたいからシュートの練習を１００回する。そこには「よくなりたいから、つらいのを我慢してでもやる」というセルフコントロールがあります。

そしてその先には、「昨日の自分より上手になりたい」という気持ちや、「昨日の自分より少し上達した」という実感が生まれます。中学入試を考えてみましょう。それは、ピアノやサッカーに精進している子どもたちのように、「よくなりたいから、つらいのを我慢してでもやる」、そういうセルフコントロールができる土台としての力を育てるための、うってつけの仕掛けだと思いませんか。さらには、前向きな意欲を育て、成長の実感を持ち、自己肯定感を高めることにつながります。

勉強することは、子どもたちにとってそれ相応の苦労を伴います。成績が思いどおりに上がらなかったり、試験で間違えたりすると、子どもたちはへこたれそうになります。「なんで自分はできないんだろう」と、他の子どもとくらべて悩んだりすることもあるでしょう。でも、私はむしろこう思っているのです。そういう苦しみ思い悩むこと、つまり苦悩することをぜひ子どもたちは体験すべきだと。

１００％完全でなくてもいいのです。ある程度、苦難を克服できた、耐え抜くことができた。中学受験を通じて、そういった大小の体験を数多くすることで、ちょっとやそっとの苦悩なんかにへこたれない益荒男《ますらお》のような丈夫な人間に育つことでしょう。

ただし、合格・不合格の結果にのみとらわれるような2年間、3年間であるなら中学受験はおすすめいたしません。立ち向かい、挫けそうになり、立ち直り、やり抜く、そういう子どものプロセスにどれだけ着目できるかが何よりも大事なのです。ピアノやサッカーの練習が、コンクールの結果や大会の成績しだい（すなわち勝つこと）で意味を持つというようなマインドセットでは、1位以外のすべてのプレーヤーは無意味なことをしているということになってしまいます。「音楽やスポーツで努力する意味」や「中学受験で努力する意味」を考えるなら、この言葉どおり「努力する意味」の中にこそ答えがあります。

もしもストレスに押しつぶされてしまうようなことが起きて、それが心の傷となったり、敗北感や挫折感として引きずることになるなら、それはとても残念なことです。そうならないためにも、本書の後半でくわしく述べますが、ストレスといかにつき合うかが大事なこととなります。

中学受験のプロセスの中で、うまくいかない、思いどおりにならない、自分で自分がコントロールできない、そんな失敗や壁にどうやって立ち向かうかに着目し、瞬間瞬間にそれらを学びに変えていく。それは難しいことかもしれませんが、受験の結果がどうであれ、何にもかえられない貴重な数年間を過ごせるはずです。そして断言いたしますが、それは子どもたちに一生ものの力を授けるのです。

なぜ中学受験が格好の冒険なのか？

その試練をなぜ小学校高学年のときに与えるのがいいのか、高校受験ではダメなのかと思うかもしれません。

高校受験ではダメだと言うつもりはありませんが、さまざまな条件が許すなら、中学受験のほうに大きなアドバンテージがあります。たとえば、一般的な発達段階として、中学進学は子ども時代の終焉にあたります。また、１９９７年の中央教育審議会の提言以降、公立の中高一貫教育が推進されているという事実も、中学受験という節目のつくり方の長所を示唆しているといえるでしょう。小学校高学年は児童期から青少年期への分かれ目であり、第一次性徴という子どもから大人へのさしかかりの時期にあたります。小学生は「児童」で、中学では「生徒」とよばれるように、いろんな意味での節目を感じる時期なのです。

そんなふうに、大人として固まりかける前の小学校から中学校へという時期にチャレンジしておくほうが、大人として固まりかける最中の中学から高校へという時期のまん中で分断するよりは、自分を律する強い心を育てるには適していると私は思うのです。

中学に入れば、勉強は教科担任制になり、部活のやり方も小学校のときとは違ってきます。生物学的には子どもから大人に変化し、勉強や部活などの学校での活動も、そして友達とのつき合い方や社会性も大きく変わります。また、キャリアについての意識も明確になっていきます。へこたれそうになったときに乗り越える力は、そういう新しい峰々を超えることになる前の小学校時代のうちに育てておくことをおすすめします。

しかも、どうにもならない、あとがない失敗というものは、中学受験では起こりえません。受験に失敗しても、誰もがちゃんと中学に入ることができます。ところが、高校受験ではそうもいきません。

それでもなお、小学校4年や5年から厳しい受験勉強をさせるのは子どもがかわいそうと思ってしまうとしたら、そんなふうに感じるあなた自身と少し向き合ってみませんか。

幼稚園には子どもの手を引いて通いました。小学校でも、ときには子どもの手を引いて歩きました。でも、高校生になった子どもの手を引く親はいません。親は子どもの手を握った自分の手を、小学校と高校との間のどこかでゆるめることになります。それはいつでしょうか。

子どもが自分一人で前に進みたくても、親が子どもの手をしっかりと握って放さないでいると、子どもは前に進めません。まずは、「子どもの手を握っている私」を自覚してみませんか。そしてこう考えてみたらどうでしょうか。「子どもにつらい思いをさせたくない」

という親の心情はそのとおりでしょう。しかし、このときの子どものつらさは正確には誰のつらさなのでしょうか。そこにはもしかすると、つらい思いをしている子どもを見るのが耐えられない「私のつらさ」が混じってはいないでしょうか。「私のつらさ」と「あなた（子ども）のつらさ」がごっちゃになってはいないでしょうか。

「私のつらさ」と「あなたのつらさ」を分別して感じ取れることが、子どもの自立を考える上ではとても大切です。「私のつらさ」を取り出して自覚し、「あなたのつらさ」もまた見据えた上で、「でもさ、あんた、行くしかないね」と手を放すタイミングを見落とさないことが大事なのです。

「獅子の子落とし」という言葉があります。獅子は自分が産んだ子を千仞《せんじん》の谷に蹴落とし、そこで生き残った子を育てるという言い伝えから、わが子を巣立ちさせることの大切さとその厳しさを表す言葉です。巣の中にいつまでもいることはできないんだよというメッセージを、さまざまな形で子どもに伝え続けることが、巣立ちを後押しします。反対にいつまでも巣立つことができないまま大人にしてしまっては、子にとっても親にとっても重い未来を背負うことになります。

握っていた子どもの手を放すタイミング、子どもが巣立ちを始めるタイミング、それが中学受験のタイミングだということなのです。

『ミオよ　わたしのミオ』が教えてくれること

私自身の場合をふり返ってみますと、私は開成中学校への受験の準備のために塾に通っていましたが、家から私鉄に乗って渋谷に出て、山手線に乗り換えて池袋で降り、それから盛り場の中を歩かなければなりませんでした。大人ならなんのことはないこの短距離の移動も、小学5年生にとっては小さな旅であり、私の親にとっても一種の冒険だったのではないでしょうか。塾での勉強が終わって帰路につくころには、池袋の盛り場はネオンが煌々《こうこう》としています。酔っ払いの間を縫って池袋の駅にたどり着き、それから電車を乗り継いで自宅の最寄り駅に着くと、そこにはクルマの運転席に座って私を待っている父がいました。父は父なりのやり方で私を支えてくれていたのだと思います。

子どもの自立、巣立ちについて考える上で、とても参考になる物語があります。『長くつ下のピッピ』の作者で知られるスウェーデンの女性児童文学家アストリッド・リンドグレーンの『ミオよ わたしのミオ』(岩波少年文庫)です。ストックホルムの町で意地悪な里親のもとに暮らすボッセという9歳の少年が、ある夜さまよい込んでしまった幻想の世界でのお話です。

　みなしごのボッセが魔神に連れて行かれた「はるかな国」で待っていたのは、ボッセのお父さんでした。お父さんはこの国の王様で、ボッセの本当の名前はミオ。お父さんはその息子のミオを９年間も待っていたのでした。王様であるお父さんと仲良く暮らすミオでしたが、ある夜突然、王家の運命に導かれるまま、「暗い森」の向こう、「外の国」にいる邪悪な騎士カトーを倒す旅に出かけることになります。王様、すなわちミオのお父さんはかわいい息子を危険な旅に出すのですから、その心中は察してあまりあります。悪の騎士カトーの手にかかって息子は命を落とすかもしれない。それでも行かせなければならないとお父さんは考えます。少し長くなりますが、ミオとお父さんである王様の、バラ園での別れの場面を引用いたしましょう。


　ぼくはおとうさんの王さまに、「『暗い森』がどこにあるのか、知ってますか？」とたずねてみました。おとうさんは知っていました。

「『暗い森』は、『山のかなたの国』にあるのだよ。」おとうさんはそういいましたが、ふいに、その声がつらそうな調子になりました。「どうしておまえは、そんなことを知りたがるのかね、ミオよ、わたしのミオ？」

「今夜、月がでたら、ぼくはそこにいきたいんです。」ぼくはいいました。

おとうさんの王さまは、とてもふしぎな目つきでぼくをながめました。

「そうか、もういくのか。」

そういった声は、まえよりもつらそうでした。

「おとうさんは、いかせたくないの？」ぼくはいいました。「夜中にぼくをそとにだして、『暗い森』にいかせるのが、心配なの？」

おとうさんの王さまは首をふりました。

「ちがうよ。どうして心配なぞするものかね。月の光をあびて、やすらかにねむっている森は、なにもわるいことをしやしないよ。」

でも、そういったあと、おとうさんは、ほおに手をあてたまま、じっとすわっていました。なにかかなしいことをかんがえているのだと、ぼくにはよくわかりました。ぼくはそのそばによると、おとうさんをなぐさめるために、その肩にだきついて、いいました。

「おとうさんは、ぼくをうちにのこしておきたいの？」

おとうさんは、ながいことぼくをみつめていました。その目は、とてもつらそうでした。

「いいや、ミオよ、わたしのミオ。おまえは、うちにいるわけにはいかない。月はもうのぼったし、『暗い森』がおまえを待っている。」

「ほんとに、おとうさんはかなしがっていない？」

「うん、ほんとだよ。」

いいながら、おとうさんは、ぼくの頭をやさしくたたきました。そこで、ぼくはかけだしました。（中略）けれど、二、三歩かけたとおもうと、おとうさんの王さまが、ぼくによびかけました。

「ミオよ、わたしのミオ！」

ふりかえると、おとうさんは、ぼくのほうに両手をのばして、立っています。ぼくはかけもどって、おとうさんのふところにとびこみ、おとうさんは、ながいあいだ、きつく、きつくぼくをだきしめました。

「ぼく、すぐにもどってきます。」ぼくはいいました。

「そうだろうか？」おとうさんの王さまはいいましたが、その声は、ささやくようにかすかでした。

（『ミオよ　わたしのミオ』大塚勇三訳／岩波少年文庫）

ミオは親友のユムユムと銀色のたてがみの白馬ミラミスとともに、悪の騎士カトーと戦うために「外の国」への長い旅へと出かけていきます。

ミオとユムユム、白馬ミラミスは、その後、数々の試練を乗り越えて、さまざまな窮地も危機一髪で脱し、ついに騎士カトーを倒します。

ミオたちが小さな英雄として「はるかな国」に戻ってくると、いつかミオを見送ったときと同じバラ園で、お父さんの王様が待っていました。私はこのときのお父さんの姿がかっこいいなあと思います。引用いたしましょう。

ぼくがバラ園のなかにすがたをけしたのを、だれも気づきませんでしたが、それでよかったのです。だって、ぼくは、ひとりきりでそこにいきたかったのです。ぼくが銀ポプラの下をあるいていくと、木々はいつものとおりに鳴りひびきました。バラはいつものとおり咲きほこっていました。なにもかも、いつものとおりでした。

そのとき、ぼくは見ました。ぼくのおとうさんの王さまを見ました。おとうさんは、ぼくが『暗い森』へ、『外の国』へと旅だつとき、最後にわかれた、あのおなじ場所に立っ

ていました。おとうさんはじっと立ったまま、両手をぼくのほうにさしのばし、そして
ぼくは、おとうさんのむねのなかにとびこんで、両手でそのくびにかたく、かたくだき
つき、するとおとうさんは、ぼくをしっかりとだきしめながら、ささやきました。

「ミオよ、わたしのミオ！」

（『ミオよ わたしのミオ』）

お父さんの子どもへの思いが強烈ににじむ光景です。それほどに大事に思い、愛してい
る息子だけれど、彼は子どもを縛ることをしません。それどころか、危険な冒険へと送り
出し、その間、子の無事を願い、心配と不安とに耐えるのです。そして、見送ったのと同
じバラ園で、お父さんはいつでもここで待っていたんだよと立っているのです。

私には、このミオのお父さんの行為、すなわち「同じ場所で待つ」という行為がとても
偉大に思えます。どんな気持ちで子どもたちが帰るのを待っていたのだろうと想像すると、
それこそ、お父さんはお父さんで自分の戦いを戦っていたのだなと思うのです。「若いと
きの苦労は買ってでもしろ」とはよくいわれますが、親もまたそういう苦労をすべきかも
しれません。ただし、親が子どもの戦いの場にまでついていってああだこうだ言ったり、

果てには自分がリングの中に入ってしまったのではすべてが台なしです。

図書館には、旅や冒険を通じて子どもがたくましく成長していくという物語が、このミオばかりでなく数多くあります。旅や冒険に出かける子どもを見守ることは、親として大きく育つことでもあり、そこには安穏と暮らしていては手に入れられない宝物がいっぱいあるのです。

なお、この『ミオよ　わたしのミオ』は、子どもの巣立ちばかりでなく、親子の愛情についても深い示唆に富む物語ですので、とってもおすすめです。

中学受験を、このミオとお父さんの視点から考えてみるとどうなるでしょうか。

たとえば、成績が上のクラスになかなか上がれない子どもが弱音を吐いたとしましょう。すると親がこんなふうに言うことがあります。

「勉強したくないんだったら、中学受験、やめにしたら？」

「塾に通うの、もうやめたら？」

成績が伸びないからという理由で、こんなふうに〝たら〟が飛び出すのは、なんとももったいない話です。子どもがつらそうでかわいそうだから塾をやめさせる。それはミオが悪者たちと戦っているときに、形勢が芳しくないから、「戦いをやめて帰っておいで」とお父さんが連れ戻すようなものです。巣立ちと成長の大事なチャンスを逸してしまうことです。中学受験はミオの命がけの戦いと違って身体に危険などないのですから、最後までやらせればいいのです。

「子どもがかわいそう」というのは親の感情だということを忘れてはいけません。日本語の語法の「AがB」に騙されないように。「子どもがうれしい」と「子どもがかわいそう」では、B（うれしい・かわいそう）を感じているのがA（子ども）か自分か異なってきます。「子どもがかわいそうだから受験をやめさせる」という行為は、親が感じていることを論拠にして、子どもが受験するかどうかを親が支配していること。感情を論拠に自分の、まして他人の行動を選択するということが、どれほど選択の誤りを招くリスクがあるのかを一度ふり返ってごらんになることをおすすめします。

支配しない、支配されない

もちろん、中学受験以外の他のことに子どもが夢中で、それが子どもの自立と成長につながるものであるなら、塾をやめてもまったくかまいません。むしろやめることのほうが適切な選択の場合もあるでしょう。一方で、「苦しいからやめる。つらいからやめる」という選択は、ミオが騎士カトーを前におめおめと逃げ帰るようなものです。

理不尽な苦しみは当然のこと、よいわけがありませんが、受験の苦しみはまったく次元の異なるものです。それは、いわばぜいたくな苦しみです。素材を選び抜き、手間暇とお金をかけてつくったビールをプレミアムとよびますが、プレムアムビールの苦みも、手間とお金のかかる中学受験の苦しみもプレミアムな味なのです。

ミオのお父さんは自分から援助の手を差し伸べることはしません。そんなミオのお父さんのように、子どもにやりたいだけやらせて自分は手助けは一切せず、ただそばで見守るだけという保護者の方も数は少ないですがいらっしゃいます。ところが、その反対に、「本当にやりたいの？」「つらいんじゃないの？」「やめたほうがいいんじゃないの？」と、余計なことをつい言ってしまう保護者の方もおります。子どもの内面で「がんばるぞ」というガンバルモンと「やだな」というヤダモンの綱引きが行われているところで、ヤダモンという存在にわざわざ栄養ドリンクをあげるようなものです。そんなことをしたら、ガンバルモンにヤダモンが勝ってしまいます。どんな子どもの心の中にもヤダモンは住んでいるのですから、それはただ無視すればよいだけのことです。それなのに、「私のつらさ」と「子どものつらさ」を一緒くたにしてしまうので、子どものヤダモンが無視できなくなるのです。言い換えれば、親自身がつらくなりたくないがために、子どもをコントロールしてしまうのです。そして、この〝親自身がつらくなりたくないがために〟という気持ちは、この関係を容易にひっくり返してしまうこともあります。すなわち、親が子どもの言いなりになってしまうのです。

こんなお話をしてくれたお母さんがいました。そのお母さんは不登校の娘をかかえていましたが、その娘がある日、学校に行くと言い出しました。お母さんと手をつなぎながら学校の校門までやって来ると、娘はこう言いました。

「お母さん、行ってくるね」

「うん、行ってらっしゃい」

ところが、娘はいっこうに一歩を踏み出そうとしません。その娘が言いました。

「お母さん、手を放して」

歩き出そうとする娘の手をお母さんが無意識のうちにギュッと握って放さないでいたのだそうです。自分のつらさと子どものつらさが一緒くたになって未分化であるがゆえに、お母さんはミオのように旅立とうとする娘を無意識のうちに引き止めてしまったのです。

相手を一人前に育てたいなら、親は自分の感情に支配されて、子どもの大切な行動を支配してはならないし、いつの間にか子どものご機嫌を気にして、子どもに支配されるようなことにも気をつけていただきたいと思います。

誰もが冒険者にならなければ

子どもの自立や巣立ちを当の親が阻んでいるかもしれないことを、どうやって見分け、防ぐことができるでしょうか。それは親の〝自分理解〟と関係があります。私の言う〝自分理解〟は、一般に言われている自己理解とは意味が異なります。〝自分理解〟とは「自分の領分」と「他者の領分」を分別することです。「この気持ちは誰のもの？」と、虚心になって自分に問いかけてみてください。このイライラは誰のもの？ この心配は誰のもの？ こういった問いには、簡単に答えることができるはずです。そのときに、「この気持ちは私の気持ちだ。このイライラは私のイライラだ」と知ることができたなら、それは子どもではなく、親自身が取り組むべきものだということになります。それは自分のことは自分でするという原則を再確認することです。

自分のことと子どものことを分けて考えること。これは意識しだしたらすぐにできることなのです。

もちろん、親のことと子どものことの配分は、子どもの発達段階によって変わってきます。２、３歳児と12、13歳の子どもでは、当然違ってくるわけで、赤ちゃんのときは親がほとんど全部を決めていたのが、年齢に応じてその配分は徐々に変化していく必要があります。言い換えれば、子どもの発達に応じて、親はマインドをリセットし、少しずつ手放しをしていかなければいけません。それがうまくできないと、いつまでたっても子どものことを親が全部決めるようになってしまいます。

時代や地域によって実施する年齢が異なっていたそうですが、昔の日本には元服の儀式というものがありました。12〜16歳のどこかの時期で成人のイニシエーション（通過儀礼）が行われていたのです。それが親にとってはマインドをリセットするよいチャンスとなっていました。現代では、そのリセットをいつしたらよいのか、わかりにくくなってしまいました。18歳なのか、20歳なのか、それとももっと前なのか。

カウンセリングの場で、29歳の娘を持つご両親から、こんなお話を聞きました。30歳近くになって突然、親に対して激しく反発するようになり、まるで気が狂っているようにしか見えないというのです。聞けば、それまでは、誰とはつき合ってよいけど誰々とはダメだなどと、何から何まで一方的に親が子を支配し続けてきたようでした。娘は反抗したこともありませんでしたから、反抗のし方がとっても下手で過激になり、それでご両親はビックリしたわけです。これも、先ほどの、校門から入ろうとするわが子の手を無意識に握っていたのと似ています。手を放し、子どもを巣立ちさせるべきだったのを、30歳近くまでずっと手を握り続けてきたのであり、そういう自分自身の姿に両親はまったく気づいてこなかったのです。

未知未踏の領域に踏み出すこと、すなわち冒険。

無言・白紙の世界に最初に発信するから「冒頭」とよばれるのでしょうか。「冒険」と同じ漢字が使われているのが面白い。

まだ何も始まっていないときに、先頭を切って前に出るのは確かにリスキーでしょう。それでも、リスクを承知で前に出るのか。やったことがないことだから不安だけど、それでもやり始めるのか。他者が出るのを待ってから出るのか。あるいは自分で第一歩を踏み出すのか。踏みならされ、整備された道を進むのか。それとも、草地に分け入って道をつくるのか？

その前に、冒険者になるか、ならないのかは、そもそも選択可能なことなのでしょうか？

いえ、私たちに選択の余地などないのです。私たちは誰もがみんな、冒険者になるしかありません。なぜなら、すべての人にとって、自分の明日は未知未踏だからです。明日を生きるためには、誰もが好むと好まざるとにかかわらず、冒険者になるしかないのです。

だから、みんな！　冒険の準備をしましょう。

第２章

冒険の旅で手に入れる一生ものの宝物

中学受験の冒険で手に入るアイテム

第2章では、冒険の旅で手に入れることが可能なリュックの中身についてお話しします。

「中学受験はいいことだ」と聞かされても、中学受験に伴うさまざまな負担を子どもに負わせてしまうことに葛藤を感じる保護者の方も多いのではないでしょうか。

学校が終わったあとも塾に通う生活は身体的に疲れ、つらいのではないだろうか。また、友だちと遊んだり、スポーツをしたりといった時間が減るので、〝子どもらしさ〟が失われてしまうのではないだろうか。はたまた、成績に常に一喜一憂しては落ち込み、受験日が近づくにつれて心理的に追い詰められ、心が重圧に押しつぶされてしまうのではないだろうか。果たして、中学受験はそういった負荷に見合うだけのものを子どもにもたらしてくれるのだろうか。そんな葛藤を抱いて、決断ができないでいる保護者は、大勢いることでしょう。

その葛藤の強さを計量するために、私は保護者の方々への講演の中で簡単な調査をすることがあります。片手の親指を立ててそれをメーターの針に見立て、真上が葛藤ゼロ、真下が中学受験絶対反対、そしてその間の程度を時計の針のように示してもらいます。一斉に〝指メーター〟で葛藤の度合いを示してもらうと……。

お子さんが5年生以下では、親指が真上を向いた、すなわち葛藤ゼロを示す保護者は少数です。よいか悪いか半々だということを示すために親指が真横を向いていたり、それよりも少し下の時計の7時の位置を示している方もいらっしゃいます。また、中学受験を100日後に控えた6年生の保護者ですら、10時くらい、つまりまだまだ葛藤があるということを示している場合もあります。

葛藤するのはもっともです。人生には計量できることもありますが、できないことのほうがたくさんあります。だから意思決定が難しいし、たとえ意思決定をしたとしても〝スッキリ爽やか〟とはなかなかいきません。

そうはいっても、6年生の後半に至って「こんなことをしていて本当にいいものだろうか?」とためらっているのでは、それもまたスッキリしません。アクセルとブレーキを同時に踏み込んでいたら、燃費は悪いし(くたびれる)、どこかが焼け付いてきます(心身の不調を招く)。ですから、6年生になったら、ためらいを捨ててスッキリ、颯爽《さっそう》と合格発表までやり抜くことを強くおすすめいたします。

5年生以下であっても、ためらいを生じさせるいくつかの思い込みは、それが本当に合理的なためらいであるかどうか、いったん吟味してみることをおすすめします。その葛藤によって生じるストレスが有害なストレス（ディストレス、悪玉ストレス）なのか、それとも有用なストレス（ユーストレス、善玉ストレス）なのか。もしも悪玉ストレスであったら、それを善玉に〝改善〟する方法を知りたくはないですか？

中学受験は冒険であり、冒険の旅には難所や障害はつきものです。その冒険に乗り出そうというのですから、難所や障害のことばかり考えていても何の意味もありません。前方で待ち受ける怪物や断崖絶壁もなんのその、胸を張って前へ進むべきなのです。

だとしても、取り組み方を誤ると、子どもにも親にも過度のストレスがかかるだろうことは否定しません。そうならないためにも、ストレスマネジメントを心がけると同時に、この冒険で手に入れるアイテムとは何なのか、それらをたえず明確に意識しておく必要があるのです。それらはリュックの中に入れたり出したり、手入れをしたり、入れ替えたりしながら、子どもが背負う、一生を生き抜くためのアイテムなのです。

それでは、中学受験の冒険で手に入るアイテム、身につけられる力とはなんでしょう。リュックの中身を見てみましょう。

リュックを開けるとそこには三つの小袋が入っています。その三つの小袋の中身とは、レジリエンス、グリット、そして一生ものの学ぶ力です。

一つ目の小袋は「レジリエンス」

一つ目の小袋の「レジリエンス(resilience/立ち直る力)」。

レジリエンスというのは数年前からよく聞かれるようになった言葉で、もともとは汚染された川がきれいな川へと復活するときの要因・復元力というような意味合いで、環境工学などで使われていました。または、ガンなどの大病を生き抜いたり、虐待などからサバイバルする力のような意味で使われることもあります。

つまり、苦痛を伴う体験や、苦しみ悩む出来事のあとでも、負けずに立ち直っていくことができる力がレジリエンスです。そんな力をわが子につけさせたいですかと聞かれて、「うちの子にそんなもの、いりません」という親はいらっしゃらないと思います。

レジリエンスという用語はともかく、辛抱する力、耐える力として素朴に語られるこの力は、あって悪いものではありません。ただし、この力は実際に自分が忍耐した体験がないと身につかないものだと思います。

耐える力をさらに分解してみると、それは「やりたいことがあっても、やらない我慢」

であったり、「やりたくないことでも、やる我慢」であったりします。あるいは、ほしいものがあっても手に入るまで辛抱して待つ力も、こういった力のうちに入るかもしれませんし、それは親が子に身につけさせることのできるものです。子育てのプロセスの中でもっと力点を置いてもよい力が、レジリエンス的なものではないでしょうか。

二つ目の小袋は「グリット」、三つ目の小袋は「一生ものの学ぶ力」

二つ目の小袋には「グリット（grit／やり抜く力）」と書いてあります。

これはアメリカの心理学者たちが近年主張している概念で、「これこそが成功の鍵だ」というようないわれ方をしています。「不屈の精神」や「気骨」などと訳されることもあるようですが、「長期的な目標に向かってやり抜く力」という意味です。「歯を食いしばってがんばる力」と言い換えることもできるでしょう。グリグリ、グリッと歯を食いしばっている様子が聞こえてきそうな単語です。

三つ目の小袋には「一生ものの学ぶ力」と書いてあります。これは大人になってからもずっと使える学びの推進力となるものです。たとえば、「公式を覚えるのではなく、公式を創生する力」のことです。このアイテムを最初に教えてくださったのは、私が開成中学の受験準備をしていたときに家庭教師をしてくださった柳沢幸雄先生です。先生はその後、東京大学の教授を経て開成中高の校長におなりになりました。

この三つの小袋のうち、レジリエンス（立ち直る力）とグリット（やり抜く力）の二つを開けて、中身を出してテーブルの上に並べてみます。すると、驚いたことに二つの小袋には共通して入っているものがあり、それらを整理してみると次の10の要素が、レジリエンスとグリットに共通しています。

「レジリエンス」と「グリット」に共通する10の要素

①努力でどうにかできそうだというマインドセット

「いくらがんばったって、合格しなかったら意味がない」というマインドセットは、中学受験を価値あるものにするには有効とはいえません。また「努力したって、どうにもならない」という無力感は、有害な〝常在禁〟になる恐れがあります。〝常在禁〟はあたかも常在菌のように人の心に住みついて、「挑戦するな」「よろこぶな」「努力するな」と「〜するな」のつぶやきをもらし続けます。

一方で、ある目標を達成することが、たとえそれがとっても高い目標であったとしても、努力すれば自分にもできそうだと考えられるマインドセット。こういった力は、子どもが「自分でどうにかすることができた」という体験によって見出され、身につきます。また、努力の結果よりもそのプロセスが大切にされることで、「努力を続けること自体に意味がある」というマインドセットを身につけた子どもは、物事を途中で投げ出さず、失敗に挫けないようになります。

②苦痛や欲求不満への耐性

「苦痛はすぐに軽減されなくちゃ、やってられない」「欲求不満はすぐに解消されネバならない」で通用してきてしまうと、逆風に対する抵抗力が育ちません。苦しくても歯を食いしばり、やりたいことがあっても我慢する。この力もまた、子どもが「耐えてがんばった」という自己の体験を通じて身につけるものです。

③意志の力

運動に自信のない者にとって、雲梯《うんてい》の端から反対の端まで行くには、握力をはじめとする幾つかの筋肉が強くて上手に使えることに加えて、「何が何でも反対の端まで行ってやる！」という強い意志が必要です。めげそうになる自分の中の弱い心や環境に流されず、目標を目指そうとする強い意志を育てたいと思いませんか？　それには子ども自身が「自分で決め、練習と失敗を繰り返し、自分で達成した」という体験を重ねることです。また、意思決定の練習を繰り返し、自分の行動は自分で選択しているという自覚が生まれることも、意志力強化につながることでしょう。

④「いいことがありそうだ」という憧れや有意味感

ほしいものがあるからこそ、私たちはそれに向かって手を伸ばすのです。達成したい目標を子どもが抱くためには、憧れや夢、希望が根っこになければいけません。言い換えれば、子どもの心の中に、どれだけ強い憧れが生まれているかということです。「あんなふうになりたい」という憧れを、子どものころにふんだんに持ってもらいたいと思います。

同時に「この世界に意味を見出せる、生きていくことに意味を感じ取れる」という〝意味の味覚〟、言い換えれば有意味感を、子どもながらにも持ってもらうことが大事だと思います。私学は校訓を目指すべき目標としますが、それが子どもたちの〝意味の味覚〟を刺激する可能性はあります。

⑤進捗が見えること

「がんばっているのにちっとも成績が伸びない」という感覚は私たちをめげさせます。立ち直るにも、やり抜くにも、前に進んでいるという実感が大事です。モティベーションの維持のために進捗の実感は必須ともいえましょう。

⑥報酬が得られる

「つらく、苦しい思いはタダじゃやりたくない」――それなら報酬をあげましょう。とはいえ、この報酬は物質的なものに限りません。たとえば、あなたのお子さんは何を見たいでしょうか？　その見たいものを見せてもらえることも立派な報酬です。では、次の三つのうちから、「うちの子が見たいものを」を一つだけ選んで○をつけてください。

1　液晶画面（これを見ていたい人がどれほど多いかは電車に乗ればすぐにわかります）

2　札束（手の切れるようなピン札の束です）

3　親の笑顔

3番のアドバンテージは、何といってもタダであること。そして無尽蔵。そして3番を見たくない子どもはいません。子どもは親の笑顔が大好きです。

⑦「失敗しても大丈夫、失敗やつまずきはチャンス」と思えること

「バカ！　ドジ！」

「何やってんだ!?」

失敗に対する報酬として、こんなものを投げつけていませんか？　こんなことを繰り返していると、「失敗するな」という〝常在禁〟に感染してしまい、失敗恐怖症になります。その先に見えてくるのは「リスクから逃げ回り、挑戦しない生き方」ではないでしょうか。

⑧自尊感情

自分には価値があるという感覚は、子どもたちにとっては絶対になくてはならないものです。ここで大切なのは、能力や属性の価値ではありません。何かの成績や外部からの評価に依存した自尊感情ほど脆いものはありません。一方で、自分という存在はかけがえな

く尊いという実感は生きる力の土台になります。レジリエンスやグリットの中身になる自尊感情を培うためには、次に示す家族のサポートが絶大な効力を持っています。

⑨家族の内外からの支え

「僕（私）は支えられている」という実感こそが力になります。子どもにそう感じさせる家族からのサポートは、レジリエンスとグリットという力を育てるためには不可欠です。子どもが実際にレジリエンスやグリットを発揮する場面では、家族もサポーターもいないかもしれません。そんなときは、目に見えるサポートではなく、愛飲してきた「家族からのサポートという名の栄養ドリンク」の力で困難に立ち向かうのです。

⑩疲労から回復し、エネルギーを補える

レジリエンス（立ち直る力）であれ、グリット（やり抜く力）であれ、「力」を使えば疲れます。疲労に効くのは休養であり、エネルギーの補給には栄養が必要です。この休養と栄養補給はどこでおこなわれるのでしょうか。これは読者の皆さんに真剣に問いたいと思います。子どもであれ、大人であれ、休養と栄養の補給基地はどこでしょうか？　この

問いにもしも「家庭」とご回答されるのなら、「家で癒やされているだろうか?」と自問し、「休養と栄養補給」の場として家庭が機能しているかどうかをご点検いただきたい。また、拙著『ストレスに負けない家族をつくる』(みくに出版)も参考になるでしょう。

「レジリエンス」と東日本大震災

子どもはよく転びます。歩いていれば転ぶし、走ればなおのこと転びます。さて、目の前で子どもが転んだときに、果たして親はどういうアクションをすればよいのでしょうか。倒れている子どもに手を伸ばして起こしてあげますか? それだと手っ取り早くて、子どもの苦痛も少ないかもしれません。一度や二度ならそれでもよいかもしれません。でも、毎回、転ぶたび、子どもが自力で立ち上がる前に親が抱き起こしていたらどうでしょうか。

あるいはまた、他人のものを壊してしまったりなど、何か失敗するたびに、親が代わりにあやまったり、後始末をしてくれたりしたなら、失敗しても自分は責任を負わなくてもすんでしまうと子どもは無意識のうちに思い込んでしまうかもしれません。

自分で後始末をする、片づける、転んでも立ち上がる、そういう体験が親の手によって子どもから取り上げられてしまうなら、苦境から立ち上がるという体験を子どもは学ぶことができなくなります。親が子どもにしてあげることとは次のことの他にありません。転んだら子どもが自分で立ち上がるまで待つこと。子どもが自分で片づけ始めるのを待ってから手伝うこと。子どもが他人にあやまりに行くときに子どものうしろからそっとついていくこと。

子どもは現実に対峙する練習を重ねていくことで、より難しい出来事に出会っても自分一人で対峙し、解決しようとするようになります。その体験が自信となって、やがては、対峙したことのない前代未聞の出来事にだって「どうにかできるはず」というおぼろげな確信を抱くようになるのです。そういった汎用化された自信は、とっても大きな強みになります。

さて、ここで一人のおばあちゃんのお話をご紹介させてください。

２０１２年の秋、東日本大震災のつめあとも生々しい岩手県の大船渡市を訪ねたときのことです。ホテルには宿泊できましたが、ホテルでの食事はまだできるまでにはなっていませんでした。そこでたまたま入ったのが仮設商店街の「えんがわ」という居酒屋でした。店主は当時で86歳のおばあちゃんでした。お話を聞くと、津波で自宅も何もかも流されたのですが、人が集まる場所をつくりたいと、娘さんと二人で居酒屋を始めたのだそうです。ところが、居酒屋を営むのは親子とも生まれて初めて。焼酎のお湯割りのつくり方もお客さんから教えてもらったというのです。

このおばあちゃんは、かつて2度、津波の被害にあったことがあり、この東日本大震災が3度目でした。それなのに、へこたれた様子もまったくなく、しかもこれまで経験したことのない未知の仕事に挑戦をしているのです。まさに、自分で自分に限界をつくらない生き方をしている人なのです。なお、「えんがわ」は、２０１４年の暮れまで復興を支える人々を喜ばせ続け、惜しまれつつ店を閉じました。

私は、まさにこれこそがレジリエンスのなせるわざかと感嘆したのでした。

「レジリエンス」と有意味感

次に「苦痛や欲求不満」について考えてみましょう。

回避すべき苦しみ、苦痛とは、血が流れるような身体的な苦痛や飢餓、生命や安全への脅威、そして人間として疎外される心理的・精神的苦痛です。また、子どもにとっては親に見捨てられること、父母の不仲なども耐え難い苦痛です。これらの苛烈な苦痛から子どもたちは守られねばなりません。

一方で、子どもたちが日常で経験する苦痛や困難や欲求不満とはもちろん、そんな重いものではありません。

たとえば、お腹がすいたときに、「晩ごはんまで我慢しましょう」と親に言われて空腹に耐えて待つことの「苦しみ」。あるいは、勉強しなくてはいけない時間になったときに、それまで遊んでいたゲームのスイッチをオフにしなければいけない「苦しみ」。そんな「苦しみ」に耐えることは、子どものうちにトレーニングしておいたほうがいいに決まっています。

「苦手」の「苦」は、「苦痛」の「苦」です。苦手なことに取り組むことも、苦痛に耐えることです。算数が苦手で成績が悪いので、がんばって算数の勉強をすること。これも苦痛に耐えることです。

つらいことは、「その先にいいことがありそうだ」という夢や希望によって、まさしく耐えられるものとなります。その夢や希望は、有意味感と不可分です。当然、無意味なものに人は夢や希望を抱きませんし、無意味な目的に対してモティベーションが持てるわけがありません。

いじめ・いじめられる関係の中で、自分自身や世界に「意味ないよ」と感じることは、命を粗末にすることに結びつきます。一方で、自分自身や世界に「意味を感じる」なら、生き抜く力、やり抜く力、すなわちレジリエンスやグリットにつながっていきます。そのためにも、「意味を味わう」という体験が子どもたちには大事なのです。

意味を味わうとは、意味を実感すること、その意味を感情をまじえて体験することです。頭でだけでなく、心でも意味を実感するということです。その意味の味わいが〝美味《おい》しそう〟だったら、子どもはそれに憧れを抱くかもしれません。

その意味の味わいという点で、親が直接子どもに対してできることがあります。まず、親自身が人生を〝美味しそう〟に生きるということです。なのに、人生をいかにも〝不味《まず》そうに〟生きている大人たちもよく見かけます。そういう人からは「そんなことを言ったって、満足な仕事もカネもないし、闘病や看病で疲れ果てていて、俺の人生は美味しいところなんかこれっぽっちもないいんだからしかたがないだろ！」と反論されるかもしれません。

そういう人にはこうお伝えしたい。「仕事もカネも道楽もそれ自体は味も意味もない。それは食べ物も同じ。食べ物の味はそれを口に入れた人が味わったときに初めて味になる。人生における仕事も道楽も闘病も看病も同じ。その体験をどのように味わうかによって、意味を持つか持たないかが決まる」と。

仕事であれ、道楽であれ、親が人生を〝美味しそう〟に生きているさまを子どもに見せることはとても大事です。私の父親は毎朝、居間でFMラジオから流れてくるバッハを〝美味しそう〟に聴いていました。父はバイオリンもヘタクソながら趣味にしていましたので、バッハのシャコンヌをしょっちゅう弾いておりました。そういう、父親が何かを〝美味しそう〟にやっていたという景色の記憶は、私にとってとても大切なものです。

親は自分が〝美味しい〟と思うことを、子どもの前でちゃんと美味しがればいいのです。それは読書かも、美術かも、山登りかも、釣りかも、料理かもしれません。あるいは仕事であってもよいでしょう。思いっきり〝美味しそう〟に何かをしている親の姿に、子どもは生きることは〝美味しい〟んだなと感じるのではないでしょうか。

その反対に、〝不味そう〟にしていると、それもまた子どもは強く感じ取ってしまいます。テレビでニュースや歌番組を見ている親が「なんだ、あれは」と〝不味そう〟に語るだけでも、「世の中って不味いんだな＝意味がないんだな」と子どもには伝わってしまいます。親自身が〝美味しい〟ものを探し求め、世界や生きていくことには意味があるんだという、その意味を味わい、表現することが大事なのではないでしょうか。

どこかに必ず〝美味しい〟意味の味わいはあるんだと、子どもに話してあげることはとても重要なことです。「昔、シュバイツァーという立派なお医者さんがいてさ」と〝美味しそう〟に歴史上の偉人の話をしてあげるだけでも、子どもたちの心の中に憧れの種がまかれていくのです。

「レジリエンス」と選択力

次に「選択力」についてお話ししましょう。

これは、主体的、自覚的に選ぶ力です。

なぜ、選択力がレジリエンスと関係があるのか？　「自分が選ぶ」という感覚は不安を軽減するからです。つまり、予期が可能なのです。クルマの助手席に座っていると、運転者がいつブレーキを踏むのか、どのように事故の回避行動をとるのかが予期できず、不安になることがあります。ときにはそれがクルマ酔いの原因にもなります。一方で、走行・停車も進行方向も自分で選べる運転席に座ると、なかなかクルマ酔いにはなりません。人生のさまざまな選択も、選ぶことへの自覚があれば、主体的に何かを選び取り、その結果を引き受けていけるのです。

中学受験は選択の連続です。もっと遊びたいけれど、ゲームを続けないことを選ぶ。面倒くさいけれど、バッグを背負って塾に行くことを選ぶ。その一つ一つを少しだけ、選択という面から意識するようになるといいのです。

何々することを選ぶ。何々をしないことを選ぶ。子どもにとって、親ではなく自分が選んだという体験を積み重ねるうちに、「選ぶ自分」を強く意識できるようになります。その蓄積によって、快／不快、苦痛／楽ちんという軸とは別のところで、「自分は何々することを選ぶ」という心の作用が鍛えられるのです。

中学受験の過程では、続けるのか、それともやめるのかという岐路にしばしば差し掛かります。この続けるかどうかの躊躇や迷いが選択力を鍛える機会になります。選択力を意識的に鍛えるには、「私は～を選ぶ」をあえて心の中でつぶやくようにします。そのために親は「これは自分で決めなさい」と伝え、子どもの選択を尊重します。もしも子どもが苦労するほうを選んだら、それはお赤飯を炊いて寿《ことほ》ぐタイミングです。

親は産むか産まないかを選択し、産んだ子どもの衣食から時間管理まで、すべてを選択してきました。いわば生殺《せいさつ》与奪《よだつ》の決定は親の手中にありました。子どもが初めて手にした玩具や最初に読み聞かされた物語は、親が選択したものではありませんか？　やがて子どもの発達に伴い、子どもの行動選択の幅が広がっていきます。それに適切に対応し、親の介入度を減らしていくのが、親の発達です。

親の発達には分別が必要です。〈親のことと子どものこと〉の分別です。「これは親のことだ」と思えば親が決め、「子どものことだ」と思えば子どもに決めさせます。「自分のことは自分でする」には、「自分のことは自分で決める」が含まれます。

そして、中学受験のゴール近くでは、学校選択という大物が待ち構えています。子どもにどこまで選択させるのかを、親はあらかじめ決めておいたほうがいいでしょう。中学1年生のカウンセリングでときどきテーマになるのは、「僕、選んでない。親が勝手に決めた。本当はこの中学には来たくなかった」という問題。少し時間をかけて再決断をさせることになりますが、相談室には来ずに不適応がこじれ、不登校になった事例もあります。

「一生ものの学ぶ力」とは

では、三つ目の小袋、「一生ものの学ぶ力」のお話に進みましょう。これは世間一般でしばしば語られる「基礎学力」とは異なるものです。「基礎」という言葉を使ってしまうと、それはあたかも建物の土台のように、それがないと建物が立たない、「その先に進むための前提」みたいになってしまいます。

実際のところ、中学受験のころは、「租庸調」だとか「大化の改新」だとか、丸暗記に近い勉強もすることになりますし、「おまえ、大化の改新が何年か覚えたか？」などと同級生と競ったりします。それで記憶に残り、後年、奈良に旅行したときに少し役立ったりします。あるいは、北上山地だの奥羽山脈だのと意味もわからず地名を覚えたことも、大人になってから生活を美味しくする調味料になったりします。岩手県を旅行しているときに、名前のわからない「あの山」よりも、北上山地と名前を知っていたほうが生活は楽しいのです。こういった学力も、人生の調味料という役柄においてはそれなりに役に立ちます。

では、一生ものの学ぶ力とはどういう学力なのでしょうか。それは、語彙力のテストや計算のスピードと正確さとは違って、測定可能なものではありません。それは学んだ知識の量や習得した技術の巧みさのようなものでもありません。それは「学ぶ力」そのもののことです。愛知教育大学附属岡崎中学校の先生たちが『学ぶ力・学ぶ心を培う』という本をお出しになっています。20年以上も前の本ですが、その中で、次のように定義しています。

学ぶ力――どこまでも問題を追及し続け、ことがらの本質を見極めていく力
学ぶ心――学ぶ意欲と意志をもち、学ぶ喜びを味わいながら、学びそのものを尊重しよ

うとする心

（『学ぶ力・学ぶ心を培う』愛知教育大学附属岡崎中学校著／黎明書房）

私はこの二つを合わせて、「学ぶ力」とよぶことにします。空飛ぶロボット、たとえば鉄人28号は飛行のために背中にロケットを背負っています。「学ぶ力」とはまだ行ったことのない未知の世界を飛行するためのエンジンのようなものです。

では、そのエンジンは何をするのでしょうか?

入力する、プロセシングする、出力する、協働する、想像する、そして創造する。それは忘れても再構築でき、バージョンアップが可能です。この章の最初のほうで書いたように、公式を覚えるのではなく、公式を自分で創生する力も含まれます。

１００年前の人に「一生ものの学ぶ力って何ですか?」と聞いたら、たぶん「読み、書き、そろばん」と答えたでしょう。では、時代が移って22世紀まで生き抜いていく今の子どもたちに身につけてほしい「一生ものの学ぶ力」とは何でしょうか?

あきれられるかもしれませんが、やはり、「読み、書き、そろばん」かもしれません。19世紀的なそれとはスタイルがかなり異なりますが、脳の機能としては「読み、書き、そろばん」、すなわち「入力する・出力する・プロセシングする」が基本なのかもしれないと思うところもあります。

要は、一生ものの学ぶ力を限定的に狭義に捉える必要はないのです。他者のメッセージを受信し、共感的に理解し、論理構造を理解でき、論証の基本形ができていて、ものごとが本当か、そうでないのかを見極めることができる力も含まれるでしょう。また、自分の論理と相手の論理との違いに気づき、そのギャップを超えようとする姿勢と能力も含まれるでしょう。認知、思考、表現（representation）、共感、計量、計算など多岐にわたる、常備薬ならぬ常備学として持っていてほしい学ぶ力です。

大学の教養学部のことを英語では「a liberal arts college」といいます。「liberal arts」とは、「自分を不自由さから解き放つ技術」「自由に生きるための技術」ということです。このリベラル・アーツ——教養は、小学校からでも身につけることができるものなのです。では、自由に生きるとは？

囚われず、体験や事実に啓《ひら》かれ、ダイナミックに知の世界を拡大・深化できることと無縁ではありますまい。暗黒という不自由さの中で光明となって足元を照らすことでもあります。そのためには「答えを出して、はい、おしまい」ではなく、問い続ける力や物事をごっちゃにせずに分別する（分ける・分かる）力なども大切です。さらに理《ことわり》は言葉によって記述されます。言葉の力も一生ものの学ぶ力です。

問い続ける力

学ぶ力に含まれる問い続けることと分別することについてお話ししましょう。

問答は学問の基本です。ほしい答えを得るには、適切な問いを立てることから始める必要があります。子どもたちの頭の中は「問い」で満載です。やがてこんなことを聞くようになるかもしれません。

「なんで、漢字をこんなに覚えるの？　ワープロがあるじゃない」

「算数のこんな文章題、やって何の意味があるの？　方程式やっちゃえば解けるじゃない」

「地理も歴史も、ググればいいじゃない」

「それって本当なの？」「何のために？」「なぜ？」「やる意味は何？」

子どもの素朴な問いです。

「そんなこといちいち考えなくていいから、ひたすら漢字の練習をしなさい」

これは「考えるな」という命令文です。子どもに頻繁にこういう命令を投げかけるのは、

〝常在禁〟を浴びせ掛けているようなものです。「考えるな」という〝常在禁〟に冒されると、無批判で誰かの言うなりになったり、つまずいたときに自分の頭で考え、立ち直る方策を見出したりするのが難しくなります。

また、子どもの問いかけに、即座に「その答えは――」と解答を示してしまうのは、子どもの問い続ける力を鍛えることにはなりません。また、「問いかけ」への答えが自動販売機のように手軽に手に入ってしまうのも心配です。なぜなら、自動販売機が賞味期限内のよい答えを持っているとは限らないからです。

「考えるな」でもなく、「その答えはこうだよ」でもなく、さまざまな子どもの問いかけをきっかけに一緒に考えてみましょう。アンサー（解答・回答）ではなく、レスポンス（応答）の例をあげてみます。

「どうしたら本当かどうか確かめられるだろうか、一緒に考えてみよう」

「それって、いつでも、誰にとっても、どこから見ても本当なんだろうか？　この情報は信用してもいいのか、公正なのか、一緒に調べ直してみよう」

「お母さんにもまだ答えが見つからない」

「思いつく理由を書き並べてみよう」

「それにはどんな意味があるんだろうね？」

などなど、一緒に問い続ける姿勢で子どもに寄り添うことは、親自身の学ぶ力を磨き続けるためにも効果があると思います。だって、そうやってこその一生ものなのですから。

分別する力

馬と鹿の分別ができないと困ります。分別できないことを「分かんない」と言います。ごちゃごちゃの状態です。まずは、分別をおすすめするものを列挙します。

〈部分と全体〉〈因果関係と前後関係〉〈自分と他者〉〈事実と思い〉〈これまでとこれから〉〈Ｂｅｉｎｇ（存在）とＤｏｉｎｇ（行為）〉〈無力と微力〉〈親の領分と子どもの領分〉〈変えられることと変えられないこと〉などなど。

また、テストの結果などを考察する際に欠かせないのは、〈テストが測定していることと測定していないこと〉の分別力です。

まず、この〈テストが測定していることと測定していないこと〉の分別について書きましょう。これはしばしば〈部分と全体〉の分別と関係があります。

1回のテストで問える量や質は限られます。1科目のテスト時間も同様です。つまり、テストが測定していることには、常に限界があるということです。たとえば1回の算数のテストで測定できることとは、その算数のテストの範囲内の能力、すなわち算数の能力のうちの〈部分〉でしかありません。〈部分〉を積み重ねれば〈全体〉に近づきますが、〈部分〉を足し合わせたものが、そのまま〈全体〉になるとは限りません。

親が子どものテスト結果をふり返るときには、この〈部分と全体〉の分別と〈テストが測定していることと測定していないこと〉の分別を忘れずに、「分別のある親」としてふるまっていただきたいと思います。その「分別のある親」のふるまい方を子どもが見習って、分別する力を身につけていくのですから。

〈部分と全体〉を分別し、〈テストで測定していることと測定していないこと〉を分別することの効果の一つは、苦手意識の回避です。

「僕は算数（全体）が苦手」「うちの子は社会（全体）が苦手」という「苦手意識」は、心理学では「過度な一般化」とよばれ、ストレスを増長する原因の一つとなります。「努力して苦手意識を克服しなさい」とアドバイスをもらい、「はい、努力します」→「努力しました」→「克服しました」などとうまい具合にはいきません。なぜなら、「算数（全体）が苦手」というだけの状況認識では、「どこをどう努力するのか」が見えてこないからです。

「手のつけようがない」と思えばやる気がそがれます。また、闇雲に勉強をしても「測定していることにまぐれ当たり」にならない限り、成績向上につながらず、苦手意識は克服されません。

〈部分と全体〉を分別し、〈部分〉に絞るのが作戦です。算数（全体）のどこ（部分A）の中のどこ（部分B）が練習不足なのかと絞ることができたなら、そこ（部分B）を練習すればいいのです。そしてその部分の進歩を測定すれば、「やれば、できた」という実感とともに苦手な部分がそうではなくなります。この「やれば、できた」という自信はかなり応用の効くもので、その先の困難の克服の動力源になります。

合理的に考えること

「分別すること」は合理的に考えるための大切な要素です。この「合理的に考える」は僕が提唱しているストレスに負けない7つの行動の筆頭に来るものです。

ものの考え方がストレスに影響するとはよく言われることです。さて、中学入試でうまくいかなかったという出来事をどのように考えれば、ストレスを大きくしないですむのでしょうか？

余計なストレスは試験の出来具合を左右します。「緊張して頭の中が真っ白になった」「試験の帰り道に、試験の最中にどうしても思い出せなかったあの答えを思い出した」「ふだんだったらできるはずの問題でケアレスミスをした」などの、もったいない体験はご想像がつきますでしょ？

中学入試でＡ中学校を受験し、その次の日程でＢ中学校を受験するとします。やがてＡ中学校の試験がすんで発表日がやって来ました。ところが残念なことに、Ａ中学校合格者一覧にわが子の受験番号がなかったとします。そのときの受験生本人の受け止め方は、次のうちのどれに近いと想像しますか？　そしてどれならば、心理的なダメージを最小限にとどめることができるでしょうか？　そしてどう考えれば、Ａ中学校合格者一覧に自分が（わが子が）含まれなかったという出来事を大きなストレスとせずに、前進への気持ちを立て直し、Ｂ中学校の入学試験に最良のコンディションで臨めるでしょうか？

ａ　私は不合格だった。
ｂ　私の答案は不合格だった。
ｃ　私は合格基準に達する答案が書けなかった。

d　私は入学が許されなかった。
e　私は入試に落ちた。
f　私の受験番号は合格者名簿になかった。
g　A中学は私を新入生として選ばなかった。
h　A中学は私を不合格にした。
i　A中学は私の答案を高く評価しなかった。

親の立場からすると、たとえば冒頭の二つは以下のようになります。

a　うちの子は不合格だった。
b　うちの子の答案は不合格だった。

実は、どれが正しい考え方（語り方）であるかという議論にはほとんど生産性がないと思います。それよりも、どれが立ち直って元気になるのに一番都合のよい考え方（語り方）かという視点からお選びになることをおすすめします。
目的合理性、すなわち、お子さんが次に書くであろう答案を最善のものにするという目的に叶うのは、さて、どの考え方でしょうか？　「僕は不合格だった。もうだめだ」という考え方と、「僕の答案の書き方のどこに問題があったのだろうか？　改善点はどこだろうか？」という考え方の、どちらが好都合でしょうか？　ここで用いる分別は〈部分と全体（一部分として語るのか、全体として語るのか）〉、〈ＢｅｉｎｇとＤｏｉｎｇ（存在として語るのか、行為として語るのか）〉、〈学校の領分とわが子の領分（それは誰が決めるのか）〉の分別です。

語り方とそれに伴う思考や感情について、結果の残念さを克服して気を取り直し、元気になるために好都合なものを選択してはいかがか、というご提案です。

コミュニケーションスキルと憧れる力

コミュニケーションスキルも、ストレスに負けないための行動のうちに含まれます。言葉をはじめ、私たちにとってコミュニケーションツールをどれだけ使いこなせるか、どれだけ豊かなコミュニケーションのためのレパートリーを持っているか。それが、学びを深め、広げるのに大きな影響力を持っています。他者と自分の理《ことわり》に橋を渡し、絶対に武力・暴力を使わずに、交渉や話し合いによってギャップを乗り越える力は全人類共通の一生ものの学ぶ力です。

学びを通してもっといろんなことが知りたくなる。いわば知識の増殖力のようなものもとっても大事です。学ぶことは新しい世界に分け入っていくことです。その世界の何かを知ることによって、さらに多くを知りたくなる。一方で、その知識が個人の中に閉じてしまっては意味がありません。

前出の柳沢先生が、私が中学に合格したときにこんな言葉を教えてくださいました。「学問とは、それ自体が貴いものではない。学べ、学べ、学んだすべてのものを、世の人のために尽くしてこそ価値があるのだ」と。これは柳沢先生の小学校のときの担任の先生であった内山壽一先生という方の言葉だそうです。この言葉は私の心にずっと住みついています。自分の行いは自己満足で終わっていないかと、たえず自問するようになったのは、その言葉のおかげです。

この言葉の中にも、一生ものの学ぶ力の一面が含まれているように思います。

またこの言葉は、学ぶということが時間的に持続するだけではなく、空間的に、そして人間的に地続きであることの大切さも伝えています。それは、一人の人間が、その個体の中でのみ考えている限りは、それは本質的な持続可能性にはならないということです。どんなに頭のよい人でも、その脳の中から思考の結果が外に出ていかない限り意味はありません。個人の興味や関心が出口となり、そこからその人の脳が生みだした思想やアイデアが世界に流れ出していくことが大事で、そうでなければ培ってきた学力も自分一人だけの学力で終わってしまうということです。

すなわち、自分以外の他者が生き抜いていくために、なんらかのいい影響を及ぼすための学びこそが大事なんだということを、家庭教師だった恩師の言葉の意味として私は受け取ったのです。

さて、最後は「憧れる力」です。

「憧れ」の「憧」は「童の心」と書きます（りっしんべんは心の字が変形されたものです）。子どもたちには広い世界を見晴るかすような憧れを持ってもらいたいと私は思います。どこまでも広がっていく世界の豊かさ、多様さを子どもたちに感じ取ってもらいたいのです。そして、いま生きている大人たちの枠を軽々と越えていってしまうような「とんでもなさ」を身につけてほしいと思います。

そんな学びと憧れから、やがてその子が寝食を忘れてのめり込むようなナニガシかに出会えたなら、その子は自分一人の力で人生を前向きに生きていくことでしょう。これもまた、先にお話ししたレジリエンスの大事な要素だと思います。

第3章

親ができること

part 1

親ができる最善のこと

子どもの人生の最初に親がすることは、「抱くこと」です。特別な事情で我が腕に抱くことが叶わなかったとしても、心で「抱くこと」が親の最初の務めです。そして親の人生の最後まで親が子どもに対して行い続けることもまた、わが子の心を「抱くこと」です。第１章でご紹介した『ミオよ　わたしのミオ』の中で、ミオを冒険の旅に見送るときと、別れた同じ場所でミオの帰りを出迎えるとき、おとうさんがしたことをご記憶ですか？「ミオよ、わたしのミオ！」と名前をよんで、おとうさんはしっかりとミオを抱きしめたのです。

子どもが大きくなって、親が老い、親が子どもの身体を抱くことができなくなっても、親は子どもの心を抱きしめることができます。親の腕の中は、新生児にとって世界で最初に安全を体験する場所です。大人になってそのときの記憶が残っているとは限りませんが、「いつでも、どんなことがあっても、親は自分を抱きとめてくれる」という信念を持っている子どもにとって、心の中の親は安全地帯であり続けるのです。安心して憩える場所なのです。その子どもの信念に呼応して、親は子どもの心を抱きしめ続けます。

言葉に出さずとも「いつでもここに戻って、おやすみ」という親の心を保ち続けることは、やると決めればできることです。

どんなことがあっても、子どもの心を抱きしめ続けること。その親の心情を伝えることは決して難しくありません。子どもが一番見たい親の顔を見せてあげて、名前をよんであげればいい。それこそが、「親ができる最善のこと」ではないでしょうか。

主役は子ども、親は脇役

「親ができる最善のことは子どもの心を抱きしめ続けること」と言ったその舌の根も乾かないうちに、「子どもを抱きしめ過ぎるのは親がする最悪のこと」ともご注意申し上げておきます。過ぎたるは及ばざるがごとし。締められ過ぎるのも、親に主役を占められるのも、子どもには苦痛です。

その塩梅《あんばい》に留意しながら、子どもが冒険の旅の主人公なら親の役回りとは何なのか、また学校や塾の役割とは何なのかを考えていきましょう。

言うまでもなく、子どもの冒険において、親が主役を演じてしまっては珍妙な物語になってしまいます。「三蔵法師の冒険」は三蔵法師が主役であり、孫悟空、猪八戒、沙悟浄はお供です。一方、孫悟空には孫悟空の〝人生〟があります。「孫悟空の冒険」という物語においては三蔵法師は脇役になります。親子の成長においても同様です。子どもの中学受験の主役は「受験する」の主語である中学受験生です。一方でお母さんの人生においては家族は脇役であり、お父さんの冒険物語の中ではお母さんや子どもたちが脇役になります。要は誰を真ん中に据えた物語を描くかということです。

中学受験の冒険物語では、親は自分の役割をわきまえ、名脇役を演じることが期待されます。名優の条件のひとつは、ときに主役、ときに脇役を適切に演じ分けられること、すなわち役割の分別を適切に行えることです。

「親ができること、すべきこと」を適切にわきまえるには、その役割の分別が必要です。芝居の中で、主役のセリフを脇役が喋ってはいけないのです。

しかし、カウンセリングの現場では、この役割の混乱が生じている家族の景色をしばしば見かけます。たとえば、子どもの成績が伸びないことを親が怒っている景色。なぜ「怒る」のでしょうか。以下のＡとＢの二つの物語を比較して、あなたが演じがちなパターンがどちらかふり返ってみましょう。

【物語A】
出来事　子どもが40点をもらった。
受け止め　子どもががっかりしているかもしれない。
親の気持ち　（子どもが）気の毒だな……。「憐憫《れんびん》」「悲しみ」など。
親の行動　慰める。応援する。癒す。

【物語B】
出来事　子どもが40点をもらった。
受け止め　私が望んでいる結果ではない（私の欲求不満）。またはこのままでは私の望んでいる目標に到達できない（不安）。
親の気持ち　（私が）受け入れられない。「怒り」「恐れ」など。
親の行動　怒鳴る。責める。嘆く。

さあ、あなたはAとB、どちらの物語を演じがちですか？

親にも発達段階がある

先日、同僚と話していて気がついたことがあります。それは、親にも発達段階があるということです。

次のような子育て四訓をよく神社などで見かけます。

一　乳児はしっかり肌を離すな
二　幼児は肌を離せ、手を離すな
三　少年は手を離せ、目を離すな
四　青年は目を離せ、心を離すな

出典についてはいくつか説があるので割愛しますが、もちろん、私が考えたものではありません。別のバージョンでは、口が入ってきて、たとえば、「手を出すな、口を出すな、目を離すな」というようになります。

これらは汎用性の高い訓話として冷蔵庫に貼っておいてもいいと思います。これを取り上げたのは、親にも次のような段階があるのかもしれないということを書きたかったからです。

（1）乳児のような親

決して目を離してはいけないばかりではなく、何一つとして一人ではできない。だから、先輩なり指導者なり、おじいちゃんおばあちゃんが常に寄り添ってサポートする必要のある親。

（2）幼児のような親

親としての行動をする際にはアシスト、あるいは手引き（マニュアル）が不可欠。世界は自分を中心に動いていると認識している。そしてそれに気づいていない。

（3）少年少女のような親

基本動作は習得したが、「相手を思いやる」ことはできても自己中心的なマインドから抜けられない。「子どもの身になって感じたり、考えたりすること」は困難。他からの手出しは無用になりつつあるが、まだ目は離せない。先ほどの【物語B】のパターンもこれに類します。

（4）青年期の親
ときに他者からのアドバイス（口出し）は必要だが、概して独り立ちしている親のこと。相手の身になって考えることができる。
（5）一人前の親
誰からも手出し、口出しが不要な、一人前の自立・自律した親。


厳密な段階があるわけではないですが、このように養育、あるいは介護、あるいはケアが必要な未熟な親がいると考えると、親子関係で発生する諸問題を論じるのに便利です。また、未熟な親に対して（4）や（5）のような行動をいきなり期待するのは無理なことであり、そんな期待に応えられない（1）や（2）の親が追い詰められたり、自信を喪失するのも避けたいものです。また、一人の親がふだんは（4）のようにふるまうことができても、ひとたびゆとりがなくなると（2）に移行してしまうことがあります。これを幼児帰り、退行とよびます。

この話の理路は次のところに通じます。

「親だって未完成なのが当たり前、だから失敗してもいいし、できないことがたくさんあっていい。大切なことは、できないことを恥じるのではなく、子どもたちを幸せにするために堂々と支援や介護を求めること。そして、親として成長し続ける努力をすること」なのだと。また、「親もゆとりを失うと退行することがある。自分のそういう性向を受け入れることがセルフコントロールのステップ1である」ということにも。

あらためて「塾に通わせるかどうか」を考える

さて、この章では、親子で中学受験の冒険旅行に出立するにあたっての心構え、あるいは親がやれることについて、アットランダムになりますが、お話をいたします。

まずは、塾についてです。

「ふつうの学校の勉強だけじゃダメなの?」というご質問には、「もちろん、ダメなことはありません」とお答えいたします。学校が子どもたちに対してしている仕事を私は軽んじたくはありませんし、学校の力を軽視したら身も蓋もありません。学校でとことん学ぶことはとても大事であるのは言うまでもありません。

私はICU(国際基督教大学)の出身ですが、私が受けたときの入試には一般教養のような科目があり、「片栗粉は何からつくりますか」という問題がありました。これは小学校ででんぷんをつくる授業をちゃんと受けていたら解ける問題です（ちなみに答えは、そのときの選択肢の中ではジャガイモでした）。小学校、中学校、高校での授業でちゃんと勉強していれば、入試問題の多くが解けるものなのです。ですから、「ふつうの学校の勉強だけじゃダメ」なことはないのです。

肝心なことは「どこに行きたいの？」や「どんな旅をしたいのか？」という問いに対する姿勢です。その問いを自らに発し続け、その進路に〝使い物になる〟仕掛けを選ぶというのが原則です。もちろん、進路意識にも発達があり、小さいころのファンタジックな憧れがずっと持続するとは限りません。また、親が意思決定に参与する余地が子どもの発達と相まって小さくなっていくのが道理でしょう。いずれ何かの機会に、「塾に行くかどうか、どこの塾を選ぶかは僕が自分で決めます。お父さん、お母さん、そのときは塾に通う費用などを支援してください。お願いします」などと言ってくるかもしれません。そうしたら、お赤飯を炊いて、成長を寿ぐタイミングです。

学校や塾は「仕掛け」

学校や塾の機能について考えてみましょう。

子どもの冒険の旅にとって学校や塾とは何でしょうか？　一言で言い表すなら、それらは「仕掛け」です。少し乱暴な喩え方をするなら、「旅の乗り物」です。小学校は、日本では「満6歳の誕生日以降における最初の4月1日」という始発駅から6年間乗せてもらえる乗り物という仕掛けです。その乗り物の中では学校教育法第21条に書かれているような〝出し物〟が次々と繰り出され、昼食も食べさせてくれます。

通常、その乗り物が運行されるのは朝から夕方までです。夕方から朝までの時間や「休校日」とよばれる運休日に、子どもたちを乗せてくれる私鉄系の乗り物は「塾」とよばれます。「塾」という乗り物の中でもさまざまな〝出し物〟が供されます。「塾」に乗ったからといって、他の子どもよりも早く終着駅に着けるわけではありません。「小学校」6年間の下車のタイミングはみんな一緒です。

ただし、「塾」に通うことで、終着駅に着く列車の先頭車両に移ることが可能な場合があります。何両目に乗っているかを〝偏差値〟という数字で表します。先頭車両に乗っていることは偏差値が高いことを意味し、最後尾の車両に乗っていることは偏差値が低いことを意味します。

6年たって「中学校」という乗り物に乗り換えるときに、しばしば「小学校」の先頭車両から乗り換えたほうが便利な場合があります。たとえば南海電車から大阪の中心部に向かうために難波駅で地下鉄御堂筋線に乗り換えるときも、たとえば渋谷駅で井の頭線から地下鉄銀座線に乗り換えるときも、先頭車両からの乗り換えが便利です。しかも乗り換える先の定員が決まっている中学校では、先に校門に到着するほうが有利ですから、難関中学校に乗り換えたい子どもたちは「塾」を利用するなどして、「小学校」の先頭車両に陣取っていようとしのぎを削るのです。

私立中学高校という「仕掛け」を使う意味

私は中学時代、渋谷駅で井の頭線から山手線に乗り換え、そして田端という駅まで通っていました。高校に入るときに西日暮里という駅ができました。その西日暮里にあった男子校に通わなくなってから一昨年で40年がたちました。男子高校の生徒が卒業後40年たつとどうなるか。失ったものは頭髪と健康、失いつつあるものは冠と裃《かみしも》です。実際、還暦を過ぎた3月末ごろには次々と同期生たちの定年退職の知らせが入ってきます。一方で身につけたものは体脂肪と成人病。このような未来は偏差値と関係なく、どこの高校を卒業しても40年余り経過したオジサンたちにかなり公平に訪れます。そして次の40年を迎えることができる少数者を除いて、大部分はその前に人生にオサラバします。

これは望むと望まぬとにかかわらず、二つ前の節で原則とした「どこに行くの?」の共通解です。未来に行き着く先です。この共通解をどんな姿勢で受け止めるかが問われています。私は、人生の終点を間近にして「人生はなんて美味しいんだろう!」と思えるために、中学受験はいい影響を及ぼすかもしれないと考えています。なぜかというと、「中学高校という学歴」には特別の意味があるからです。それはどういうことでしょうか?

私立の中学高校には創立者がいます。創立者は理想、価値、意味を注ぎ込んで(もちろんお金も注ぎ込んで)学校を創ります。ちょうど秘伝の焼き鳥のタレのように、鍋に材料を投入して煮込み始めるのです。あとに続く教員や卒業生たちも次々と材料を投入し続け、しかしタレ自体は入れ替わることなく数十年、学校によっては百年以上熟成したタレができています。私立中学入学ということは、そのタレにドボンと飛び込むことです。思春期は可塑性が高く、人生で最も吸水性の高い時期ですから、私立中学高校を卒業するときには秘伝のタレをたっぷりと染み込ませています。

この味、私の場合には〝開成味〟ですが、従妹は〝白百合味〟になり、小学校時代の友達は〝武蔵味〟になって高校を卒業しました。白百合は「真の自由を生きるよろこび、互いに大切にしあうよろこび、能力をみがき役立てる喜び」が校訓。武蔵には「武蔵の三理想」があります。それぞれの私立中高の味は、時間がたってもなかなか消えません。半老人になって髪の毛が抜けても、若いころに染み込ませた味は抜けないのです。その味こそが、「人生は美味しい」と感じさせてくれたり、生きる意味を見出すのに役立ったりします。

もうひとつ、例をあげます。横浜市にある浅野中学校・高等学校は、歴史ある私学です。その学校では「九転十起」を校訓の一つとして、大切に伝えています。この学校の卒業生は、人生のどこかで困難に遭遇したり、躓いたときにも「九転十起」を思い出すに違いありません。そして、苦難にめげることなく立ち向かっていくことでしょう。私学に進む意味を明快に示してくれている例です。

学校選択の肝は子ども（素材）の性質と学校の持ち味とのマッチングにあります。私の人生にこの学校はどのような意味を染み込ませてくれるか？　幸運にも素材とタレとがマッチしたら、人生最後の日までその意味を感じ、熟成し続けていくことができるかもしれません。〝人生の味つけ、意味づけのきっかけが得られること〟こそが、私が私立中学高校をおすすめするほぼ唯一の理由です。

ここで一言申し添えておく必要があります。私立中高を卒業しただけで人生が意味あるものになるか？　ＮＯ、否です。私立中高が卒業生に問いかけた問いに答えようとして生きていくことで意味が生み出されるのです。

意味は「ある」ものではなく、「生み出されるもの」なのです。たとえば私は母校の校章から次のようなことを問われています。

開成の校章は「ペンは剣よりも強し」を represent（表徴）しています。では、「ペンは剣よりも強し」は何を represent しているのでしょうか？　それはどういうメッセージなのでしょうか？　本当にペンは剣よりも強いのでしょうか？

万年筆もナタで叩かれたら真っ二つになっちゃいますから、問いを変えてみます。

剣よりも強いペンとはどのようなペンなのか？　この「強さ」とはどのような強さなのか？　相手を傷つけて自殺に追い込むような言葉のことだろうか？　日本刀で脅すのではなく、言葉巧みにお金を騙し取る振り込め詐欺の技のようなものだろうか？　そうではないとしたら、どこが違うのだろう？　また、言葉が人を凹ませる強さではなく、人を活かす強さを持つためには、私はどのような生き方をしたらいいのだろうか？

これらの問いは一生ものです。「どんなことがあっても決して暴力や武力を行使しない」という信条を補強するだけではなく、深く私たちにその意味を問いかけてくる、その問いの表象が「ペンは剣よりも強し」の校章なのです。そしてその問いへ応答しようとする人生が意味を醸し、とてもとても美味しいのです。

子どもが幸せをつくっていくための仕掛け

ともかく、「学校」や「塾」について考えるに際し、忘れてはいけないことは「それらは仕掛けである」という、このことです。とくに前者は教育基本法第5条に書かれている目的のための仕掛けです。曰く、《義務教育として行われる普通教育は、各個人の有する能力を伸ばしつつ社会において自立的に生きる基礎を培い、また、国家及び社会の形成者として必要とされる基本的な資質を養うことを目的として行われるものとする》

また、世界人権宣言は教育の目的を次のように書いています。

《教育は、人格の完全な発展並びに人権及び基本的自由の尊重の強化を目的としなければならない》

すなわち、教育機関である学校はこのことを目的として機能する仕掛けなのです。

一方、法律や宣言に何と書いてあるかは別として、多くの親たちにとって「学校」や「塾」は、子どもが幸せをつくっていくために利用する仕掛けであることでしょう。ですから、「子どもが幸せをつくっていくための仕掛け」として利用価値があるかどうかが、「学校」や「塾」を利用するかどうかの選択基準になります。

たとえば学校で子どもがいじめられている状況があったとして、そんな仕掛けは目的に照らして機能不全なのですから、利用し続けるかどうかを大胆に選択する必要があります。この選択は、子どもたちの居場所に関わる選択ですから、子どもたち自身にも議論に参加してもらいたい。そうして学校や塾という仕掛けの品質について吟味したり、話し合ったりできるようなトレーニングの機会を与えたい。自分たちの居場所を批判的に吟味できる能力は、いずれ選挙権を行使する際にも求められる能力に通じるからです。

価値のピラミッド

ここにピラミッド型の図があります。「存在プロセスに関わる価値の3層」という名前を

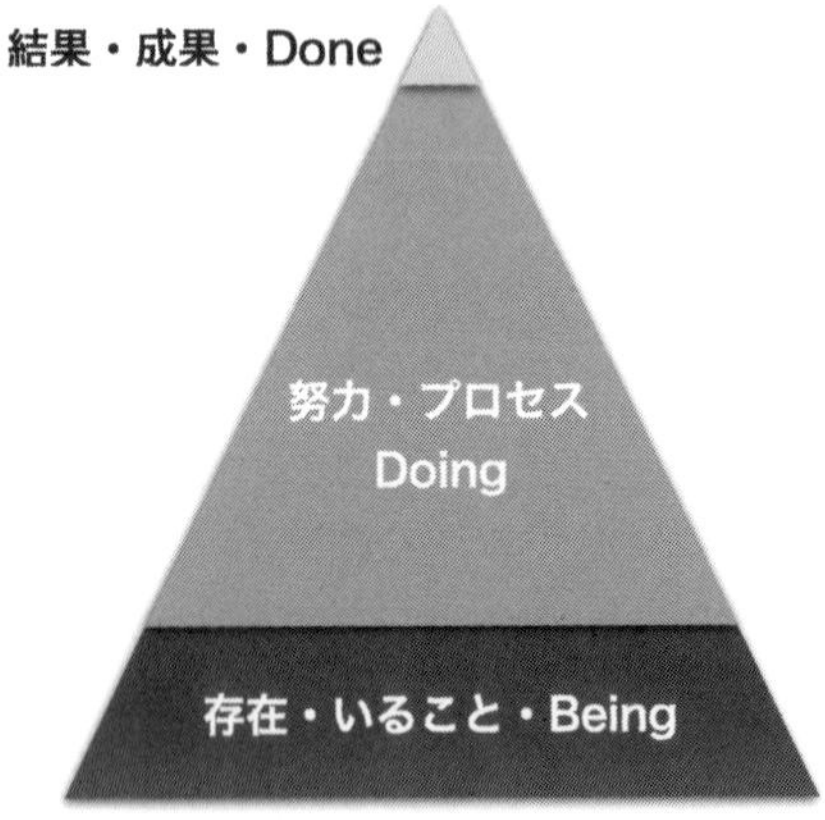

存在プロセスに関わる価値の３層

つけました。

一番下の層、いわば土台にあたる層は、親があるがままに無条件で受け入れる子どもの存在そのものです。「あなたがいてくれるだけでうれしい、幸せである」と親が無条件に肯定する子どもの存在であり、その受容が中学受験の旅立ちのスタートラインとなり、そして同時に子どもにとってはレジリエンスとグリットの基礎となるのです。

真ん中の層には「努力、プロセス、Doing」とあります。これは中学受験の旅を続ける上で子ども自身が努力したこと、取り組んだこと、がんばったことにあたります。親が愛情を持って、アドバイスしたり、注意したり、ダメ出ししたりしながら、子どもはいくつもの失敗を乗り越えてがんばり続けた、そういう旅の中身がここにあります。

そして、その二つの層の上のてっぺんにあるのが「結果、成果、Done」です。中学受験で言えば、合格か不合格かという最終結果だけでなく、それ以前の試験や塾の成績なども ここに入ります。

もしも、子どもが塾のテストでよい結果を残せなかったら、これまでの努力やプロセスが無意味だったということになるでしょうか。もちろん、そんなことはありません。勉強のしかたを改良すれば、次の試験ではよい成績が取れるかもしれません。

ところが、このピラミッドのてっぺんにばかり気を取られてしまうと、試験の結果だけがすべてのように思い、子どもを叱ったり、その反対にほめすぎたりするようになります。それでは結果だけに目がいき、子どもの努力やがんばり、それによって積み重ねられたたくさんの財産を無視してしまうことになります。

かりに、この三角形のてっぺんを消してみましょう。てっぺんがなくなっても、二つの大きな層はしっかりと残っています。子どもと家族が助け合いながら積み重ねてきた大事なさまざまなものがそこにあります。これらは無意味なことだったのでしょうか。そんなことはありません。これだけのことをしてきた、あるいは、これからもするのです。積み重ねてきた大きなピラミッドは、入試の合否を超えて、意味ある大きな財産となるのです。

ともすると、このピラミッドのてっぺんばかりで判断をしてしまいがちですが、中学受験の旅というのは、このピラミッド全体のことであり、てっぺんはその結果にすぎず、その結果自体はどうにもならないものなのだという意識を持っていることが大切です。逆説的な言い方ですが、「結果」ではなく、「プロセス」に徹底的にこだわってこの台形の高さを高めていくことで「結果」がついてくるのです。

徹底的にこだわるアンバランスが学びの梃子《てこ》になる

ここで、「総合的な学習の時間」について考えてみます。

学力が下がるなどの批判が相次ぎ、「総合的な学習の時間」は現在では時間を削減されていますが、それは指導する側の訓練が足りなかったり、その目的を誤解していたことに原因があると私は思っています。「総合的な学習の時間」自体は、次の時代を担う子どもたちにとって、既成の枠の中では学べない重要なさまざまなものを身につけるよいチャンスであるのは間違いありません。

この「総合的な学習の時間」の素晴らしい一つのモデルが、信州大学附属長野小学校の取り組みです。

この小学校のある年のあるクラスでは、子どもたちは連凧をつくって飛ばすということに授業として取り組んでいました。

たとえば、ある日、お母さんが「いま、学校でどんな勉強をしているの?」と子どもに聞いたとします。すると子どもは「連凧を飛ばすためにがんばっているんだ」と答えるわけです。お母さんが「他には?」と聞くと、子どもは「それしかしていない」と答える、そんな具合です。つまり、他の教科の授業をせず、連凧づくりに没頭する、そういうやり方の授業がこの小学校には一定期間あるのです。それは、この連凧づくりには、教科の枠を超えたありとあらゆる技術や知恵が必要になるからなのです。

たとえば凧の重さの計算だったり、予算と支出の計算だったりという場面では算数の力が必要となります。きれいな連凧をつくるには図画工作の技術が求められます。また、授業では、凧が揚がるような歌をつくろうと、子どもたちが歌詞を考え、曲をつくります。当然ながら理科の知識やコミュニケーションの技術も必要です。そのように、いろいろな教科の要素が入ってくるのです。

やがてできあがった連凧を揚げる日がやって来ます。ところが、子どもたちの努力にもかかわらず、連凧はうまく揚がってくれません。失敗です。子どもたちは悲しい気持ちを振り払い、どうするか相談しました。その結果、山に持っていって山頂で燃やそうということになりました。「煙にして飛ばすんだ」というわけです。

私は子どもたちの知恵と想像力に衝撃を受けました。

既成の教科の枠内ではけっしてできないこんな授業から、子どもたちの尊い感性が磨かれます。子どもたちの憧れや夢がそこには濃厚に結集します。

信州大学附属長野小学校では、そんな素敵な授業が行われており、これこそが本来の「総合的な学習の時間」ではないかと思うのです。ここで培われる力は、中学受験でも大いに役立つものであり、第2章で述べた「一生ものの学ぶ力」となるものです。

国語・算数・理科・社会と均等に学ばなくて大丈夫なのかと思うでしょうか。むしろ、この信州大学附属長野小学校の授業は、教科間のスタティック（静的）なバランスを切り捨てることを狙っているのだと私は考えます。シーソーやヤジロベエのように、ダイナミックに揺れて、ときには回転することがあっても、最後にはきちんとバランスを取る、そういう動きを想像してみてください。これは受験勉強の時間配分についてもいえることです。

決まっている受験科目によって、受験日までどのように準備するかを考えるとき、たとえば、受験科目が4教科だったとしたとき、勉強時間を1教科4分の1ずつ均等に分けるのかどうかということと関係してきます。均等に分けるのはスタティックに分けるということですが、一方で、勉強時間の9割を算数にあてるといったダイナミックな分け方もあります。ほぼ算数だけを何ヵ月も勉強するのはバランスをひどく欠いているように見えますが、5年生の夏休みぐらいまでは私はそれも十分ありえることだと思います。言い換えれば、4年生から5年生の夏休みごろにかけては、柔軟な時間の使い方をしたほうがよいのではないでしょうか。

たとえば、子どもが日本の歴史にとても興味を持っているようなら、受験勉強の一環として5年生の夏休みに歴史遺跡などを旅行するのもよいでしょう。計画から旅費などの予算配分も子どもにさせてみましょう。旅行に出かけ、遺跡という歴史の舞台を実際に見て触ったりしたことで、子どもはますます日本の歴史に興味がわき、同時に、自分は受験して中学に行くんだという実感も強くなってくるはずです。また、自分の得意なもの、強みがより強化されることで、子どもは自信を持つようにもなります。

4年生から中学受験の旅を始めていれば、5年生の夏休みごろには受験自体がリアリティを持って感じられてきます。そんな時期に子どもが好きな教科やテーマに好きなだけ取り組んでみれば、それが子どものモティベーションを高めるきっかけになるかもしれません。親に言われたから私学に行くのではなく、自分のしたい勉強をするために、自分の憧れや夢を叶えるために、あの中学に行くんだとなれば、子どもは「もう、ヤダ」と言うことはなくなります。それどころか、自分の教科の成績を考えて、自分から勉強の不足分を補っていく。そんなふうに、周囲ではなく、子ども本人が自分の進路に必要なものを自分の力で満たしていくようになるのです。

偏差値で一喜一憂は意味なし

ほとんどの保護者の方は、子どもの偏差値がちっとも上がらないと言って心配します。偏差値は相対評価ですから、集団の中のどのあたりに子どもが位置するのかがわかります。自分がどこにいるのかを知りたい、すなわち迷子になりたくないというのは人間の素朴な欲求なので、その点では偏差値もそれなりの意味があるでしょうし、相対評価がまったくなければ途方に暮れてしまうかもしれません。そして、「グループのこのへんにいるから、最後にがんばれば偏差値は上がっていくだろう」などと考えるのかもしれません。しかし、他の子どもたちも同様にがんばるので、最後になって偏差値を上げるということはなかなか困難です。ずっと偏差値が50〜60で、しかも6年生になってからは少しも上がらなくなったと悩む親は多いのです。

私は偏差値で悩むのを放棄なさるよう強くおすすめします。なぜなら、偏差値は直接的に操作可能な数字ではないので、はっきり言って「どうしようもない」からです。どうしようもないことで悩むのは徒労以外の何でもありません。「どうにかしようがある」のは問題を解く精度とスピードを上げることです。それを悩むのならよいのですが、偏差値を50から51に上げるにはどうしたらいいかというのは、そもそも問いのたて方が違う、意味のないことです。

受験本番の前にはさまざまな模擬試験がありますが、そこで解いた問題を家で解き直すようにしましょう。もしも試験で間違っていたのなら、丁寧に解き直すことで、もう一度同じ問題が出たなら次は確実に解けるようになりますし、それが漢字なら確実に書けることでしょう。効果的なやり方としては、模擬試験の1～2週間後ぐらいに、試験に出た問題とまったく同じものを解かせてみるのです。試験のときにできなかったことが、できるようになっていたら、子どもは「進捗」を感じることができ、それはモティベーションの維持に大きな役割を果たします。先にも書きましたが、進捗が見えないと私たちはやる気が起きてこないのですね。

相対評価に依存してしまうと、偏差値がちっとも上がらないので、子どもも親も進捗が感じられず、不安に陥ります。こんなことで不安になるのは百害あって一利なし。偏差値を上げるよりも、「あの問題を解けるようになろう」というアクションのほうがずっと意味があるのです。

目標管理のお手本

日々の勉強には、子どもが「うれしさ」を感じられる目標設定があるとよいのです。できなかったことができるようになったなど、ものごとの進捗を肌で感じると人は誰でもうれしくなります。目標設定を、そういう「うれしさ」を感じるために利用するのです。

たとえば、毎日、漢字を10個書くという目標を立てたとします。これは簡単に達成できる目標設定ですから、達成できた日には○印をつけるようにすると、毎日○印がつくはずです。子どもはふり返ってみたときに、○印がずらりと並んでいると、とてもうれしくなります。一方、目標設定が高いと、○印ばかりでなく、ときには△印や×印がつくこともあり、子どもにとってはうれしさも中途半端です。もちろん、そういう高めの目標設定が必要な場面もありますが、まずは勉強の意欲を高めることが大事ですから、子どもがうれしさを感じられる目標設定にしてあげることがよいのです。

ドボルザークの交響曲『新世界より』第２楽章のメロディーに詩をつけた『遠き山に日

は落ちて』という歌があります。その歌詞はこんなふうです。

遠き山に　日は落ちて
星は空を　ちりばめぬ
きょうのわざを　なし終えて
心軽く　安らえば
風は涼し　この夕べ
いざや　楽しき　まどいせん
まどいせん
（作詞／堀内敬三）

この歌詞の中の「きょうのわざを　なし終えて　心軽く　やすらへば」には、「脳に優しい目標設定スキル」が見事に表現されています。

●「きょうのわざ」が明確であること　（具体的）

●どこまで「なし終えた」かが測定可能であること　（測定可能、把握可能）
●「なし終え」ることができること　（達成可能）
●意味（よさ）が感じられること　（有意味性）

その日の目標を達成できれば、心が軽くなってやすらげる。しかも楽しい時間が待っています。だから、やる気も増してくるのです。

日々の子どもの目標達成の様子を見ながら、ゆっくりと目標設定を高くしていけばよいのです。「目標の高さが倍になっても、やり遂げられたじゃない」とほめられたら、子どもはとてもうれしいはずです。

私自身は小学校で目標設定スキルや目標管理を学んだ記憶がありません。いくつかの学校を見学した印象ですが、教室の前面に掲げてある「今週の目標」などを見ると、「けんかをしないで、ともだちとなかよくしよう」（２年）、「４月の生活目標：きもちのよいスタートをきろう」（４年）、「真面目に真剣に取り組もう」（５年）、そして「自信」「チャレンジ」などの単語など、〝管理〟しようのない「目標」や「めあて」が並んでいます。

そこで、ご家庭へご提案です。お子さんに目標設定や目標管理を学んでもらいませんか？

前ページで引用した歌詞もお手本になります。「具体的」「測定可能」「把握可能」「達成可能」「有意味性」などの要素を軸に、長期・中期・短期の目標を作ります。目標設定のゴールは日課を自分で作れるようになることです。

事始めのお手本づくりには、塾の先生などの専門家の助言を活用してもいいでしょう。初めは親が手伝い、やがては小学校のうちに子どもが自分自身で目標設定や目標管理ができるようになることを〝目標にしませんか？〟

子どもの安全を守ること

親にできることの中で、とても重要度も緊急度も高い事柄、それが子どもの安全を守ることです。もちろん心身両面でのことですが、ここでは第1章でも触れた「心の安全基地」という考えと心の応急手当についてご紹介します。

「（心の）安全基地」（Secure Base）はM・エインスワースが1982年に提唱し、J・ボウルビイの著作『心の安全基地』（1988年）で広く知られるようになった概念です。私は「基地」という言葉よりも、交通標識や歌のグループ名にもある〝安全地帯〟という文言のほうが好きなので、「心の安全地帯」とよんでいます。そして、しばしば、「心の安全地帯」があるからチャレンジが可能だというお話をしています。

そのイメージとは下のイラストのようなものです。

私もファシリテートすることがある野外活動の一コマです。Aがチャレンジャーです。BとCが命綱を持っています。BとCと命綱を含めた仕掛け全体が「心の安全地帯」です。BとCとがいて仕掛けがあるからAのチャレンジが可能になります。たとえば、Aが前進するために次にしなければならない動作（それがチャレンジなのです）を想像してみてください。身体を支えている手足の一部を離さないと前進はできません。もしも「心の安全地帯」がなければ、怖くてすくんでしまい、その場にしがみついて身動きが取れないでしょう。

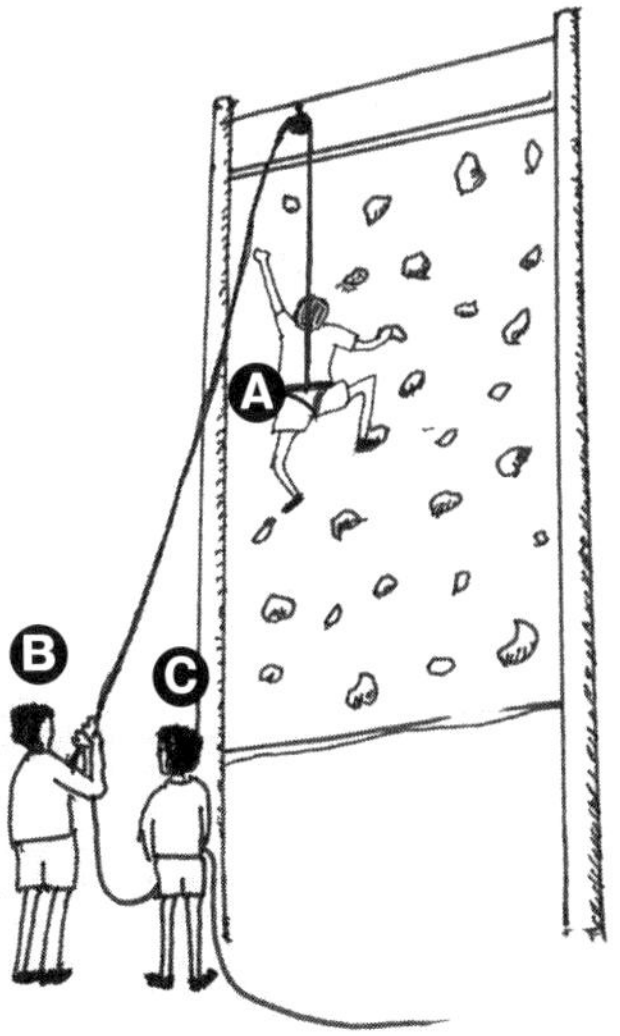

BとCと仕掛けとを信頼できるからこそ、「失敗しても大丈夫だ」と前に進めるのです。

このBやCの役割が、親のやれることなのです。

親が「これは自分の挑戦だ」と勘違いすると、綱をグイグイと引っ張ってしまいます。確かに宙づりにされた子どもは楽ちんに上まで行けるかもしれませんが、自分の力は育ちません。逆に子どもから見て親が無関心のように見えたら、「命綱がない」と子どもは勘違いするかもしれません。

温かい（人肌くらい）のまなざしを注ぐことをケア（care）とよびます。辞書で調べてみるとさまざまな言い回しがありますね。そこに通じるものは「気」です。気に掛ける、気に留める、気を遣うなどに示されます。ただし相手が火傷をするような熱い蒸気を吹きつけることはケアとはよびません。先の図では、命綱の引き過ぎや「コラ！　何やってるんだ！　サッサと登れ！」という怒号のような掛け声がそれにあてはまるでしょう。

あるがままを受容すること

「学び」という冒険の旅を子どもが嬉々として——あるいはそこまではいかずとも、少なくとも前向きに進むためには、当然のことですが、家族の支えが必要です。

その家族の支えのエッセンスとは何でしょうか。それは、「あるがまま」の子どもを受容することです。言い換えれば、子どもという奇跡的な唯一無二の存在に対する敬意です。

子どもは敬意を払われていると感じたとき、「自分はここにいていいんだ、受け入れられているんだ」と思います。自分という存在（Being）が無条件に受け入れられている感覚が土台となり、その上に、スポーツであれ学習であれ、さまざまな努力（Doing）が積み重ねられていきます。

子どもにとって家庭が安全な拠り所であるか、そうでないかが、子どもの発達に影響を及ぼすだろうということは、専門家でなくても想像できるでしょう。〝ホームに居ること〟が〝アットホーム（寛《くつろ》ぐ）〟であるためには安全が絶対条件なのです。

日本では昔から「家内安全」が大切な願い事のひとつでしたが、「この人は安全だ」「ここに帰れば安全だ」という言葉すら思いつかない乳児と母親との関係についての研究が、ボウルビイらによって重ねられてきました。ここでその研究の成果としての、「心の安全基地」の性質をあらためてご紹介します。

1　安全地帯から外の世界に出て行ける。
2　戻ってきたときには喜んで迎えられると確信して帰還することができる。
3　身体的にも心理的にも糧を得ることができる。

4　疲労困憊《こんぱい》しているときには癒しが得られる。
5　恐がっているときには安心が得られる。
6　励ましや援助が必要なときにはいつでも利用でき、それに対する準備がされている。
7　明らかに必要なときしか、積極的に介入されることはない。
（『母と子のアタッチメント　心の安全基地』J・ボウルビイ／医歯薬出版）

読者の皆さんはどう思いますか。私の印象は、特別びっくりするようなことは書かれていないなあというものです。逆に言えば、専門家が研究しても、素人が体験的に身につけている知恵を凌駕《りようが》できるとは限らないということです。

むしろ、「安全は、時間と心のゆとりから」というシンプルな交通標語のほうが深みのある知恵を示しているのです。右記の1〜7にしても、心のゆとりがないとなかなか条件を整えにくいと思われます。ドメスティックバイオレンス（DV）や虐待のような〝家内不安全〟は、しばしばゆとりの欠如を要因、あるいは背景因にしています。

ところで、時間のゆとりは時間管理の結果で大きく左右されますが、心のゆとりはどうしたら得られるのでしょうか。これは本書全体を通じて随所に書かれているストレスマネジメントの結果によって得られるものです。

つまり、本書からストレスマネジメントを学び取っていただき、それによって心のゆとりを得て、「家内安全」をつくっていただく。家内安全をつくるのは親がやれることといいますか、親が絶対にやらなければいけないことです。もちろん、ＤＶや虐待などは論外です。両親の不仲や夫婦間の暴力も家内安全を脅かします。

しかし「暴力はダメ」とか「虐待はいけません」などとアピールしても、それらはなくなりません。そのような事態を招く〝ゆとりのなさ〟やストレスを上手に改善することが根治にふさわしい手段だと申し上げておきます。

余談ですが、ＤＶや虐待の予防には前述の交通標語に少しアレンジを加えたいと考えています。

「安全は、時間と心とふところのゆとりから」

やはり、「カネに困って」というのも家内不安全を招きかねませんので。

意味の味覚を育てる

グリット（やり抜く力）を育てるためには、子どもの意味の味覚を育てることが大事です。「意味の味覚」とは、子どもが意味を感じ、それを表現することと言い換えてもよいでしょう。56ページからの節でもこの「意味の味覚」について触れましたが、ここでもう一度、違う側面から考えてみたいと思います。

意味というものに対する態度には大きく二つあると思います。

一つは、そこに意味があるはずだ、あるべきだという前提で考える態度です。「人生にはどんな意味があるだろうか、生きていくことにどんな意味があるだろうか」という問いのたて方は、あらかじめ人生に意味があることを前提とすることになります。多くの場合、そこに何か意味があるはずだと、意味を探しに出かけるという態度をとりがちです。そうすると、たとえば、「この仕事には意味があると思ったのに、仕事を始めたらあるはずの意味がなかった」という考え方になります。つまり、あるはずの意味を探しに行くという態度です。

もう一つの態度は、対象に意味を感じ取るというものです。

ナチスの強制収容所体験を元に書かれた『夜と霧』（みすず書房）の著者で精神科医・心理学者のヴィクトール・フランクルは、「人生が自分に問いかけてくる」という言葉を残しています。それは、人生に意味があるかないかではなく、「あなたは、どういう意味を人生に見出すのか」という問いです。まわりの環境、外界によって意味のあるなしが決まるのではなく、人間個人の生きることへの態度によってさまざまな意味がおのずと現れてくるということなのです。

たとえば、毎日、洗濯をして、塾への子どもの送り迎えをして、ご飯の用意をして、茶碗を洗って……。こういうことに何の意味があるのだろうか、仕事に行ってお金を稼いだほうが意味がある、そう思ったとします。これは、もともと意味があることを期待して取り組んだのだけど、意味が見えない、感じないという一つ目の態度です。

しかし、子どもの洗濯物をたたむ一つ一つの動作の中に、実は深い意味を感じる可能性はあります。子どもが洗いたてのシャツを着たときに、ほんのりとよい香りがしたら、子どもはどんな気持ちになるでしょうか。「いいにおいがする」と喜んでくれたとしたら、そこに意味は感じられないでしょうか。あるいは、お父さんが会社から帰ってきたら、子どもがおいしそうにご飯を食べている。それを見てお父さんは働くことの意味を感じないでしょうか。そういう目の前に繰り広げられるなにがしかに、私たちは意味を感じながら生きているのだと思います。そして、そういう意味の感じ方は、親から子どもへと知らずしらずのうちに伝わっているのだと思います。

たとえば、あるお父さんは土日も家にいないことが多い。どこに行っているかというと、東北の被災地に行ってボランティア活動をしている。一銭の得にもならないのに、お父さんは喜々として被災地に行っている。それを見ている子どもは、心の深いところで感じるものがあるはずです。「人のために何かをすることに父さんは意味を感じているんだろうな」と子どもが思うことでしょう。親は自分の生き様をさらすことで、子どもの意味の味覚を育てているのです。

意味の味覚を育てるために、日常生活の中で親ができることは、何よりも、「いいもの」を一緒に体験することです。博物館や美術館に行くことはその点、とてもよいことだと思いますし、私も子どものころ、親に連れて行ってもらったモナリザ展やツタンカーメン展などは今でも鮮やかに記憶に残っています。

私があえて「意味の味覚」と「味覚」という言葉をつけ加えているのは、意味を感じ取ることが身体感覚と結びつくからです。うれしいときは、体も軽く、ウキウキします。イギリスの詩人、ウィリアム・ワーズワースは「我が心は跳ね上がる　空にかかる虹を見るときに」（My heart leaps up when I behold ／ A rainbow in the sky）と書いていますが、そんなふうに心と身体が結びつく境地があることを、私たちはよく知っているはずです。

親自身が、人生のさまざまな場面に意味を求め、それを感じ、それを表現する、そしてそれを子どもが見る。これがとても大切なことです。

「やれていたこと」に注目する

何かにしくじってしまったとき、「台なしだ」という言い方をします。そこには「これまでの努力が無駄だった」「やらなければこんなことにならなかったのに」という、「挑戦するから失敗した」という後ろ向きのニュアンスがにじみます。

先日、私は知人宅の梅の木になった梅の実を採りました。脚立を立てて登り、下の枝のほうから採り始めましたが、上の枝のほうに手を伸ばすために、脚立を一段ずつ登っていき、最後にはとうとう脚立のてっぺんに立つことになりました。落ちたらケガをしますが、梅を採るためにはリスクも取らないといけません。幸い、脚立から落ちずに無事、梅の実採りを終えましたが、このように、ほしいものを手に入れるにはチャレンジが必要です。そしてチャレンジをすればするほど、常に失敗のリスクは大きくなるのです。

「台なしだ」という言葉には、リスクを恐れずチャレンジをしたというプロセスへの視線は感じられません。たとえ失敗したとしても、大事なのは、繰り返しますが、プロセスであり、失敗する直前まで「やれていたこと」なのです。

テストは解答に○×が記されて子どもの元に戻ってきます。○は成功で、×は失敗です。しかし、×がついていたとしても、そこで何かが終わって「台なし」になるわけではありません。もしもそれが算数だったら、「最後のここの計算で間違ったのね」ということがわかれば、「ここまでできてたじゃん、すごい」とほめてあげることができます。「結果は×だけど、やれていたんだ、ちゃんと式をたてられていたんだ、ここまではわかっていたんだけど、ここで間違えてたんだね」と、×の中身を子どもと一緒にこまかくたどり、ミクロに確かめることができるのです。どこまで理解していたのか、どこまで習熟していたのかを知ることができれば、勉強における課題が鮮明になってきます。

もしも、○×の数だけで、つまり点数だけでテストを見ていたら、プロセスは見えてきませんし、課題もつかめません。子どもは「あんた、半分もできてないじゃない」なんて叱られてオシマイです。

ミクロなまなざしで子どものテストを見直し、「やれたこと」を正当に評価してあげるのは愛情がないとできません。学校や塾の先生、そして家族がそれぞれの立場から目をこらし、宝物を見つけ出してあげたいものです。

「ここまではわかっていたのに……」と思っている子どもに、「ぜんぜんできてないじゃない」と言ってはいけないのですよ。子どもが一生懸命やったことをたたえてあげましょう。がんばって続けてきたこと自体に尊さがあります。そのことは、ちゃんとたたえていいのです。

子育てだってそうです。お母さんには、自分が子どもに対して「がんばって続けてきたこと」の値打ちに、はたと気づく瞬間があります。自分が子どもの満足できないところにばかりとらわれていると、その値打ちが見えてきませんが、たとえば、私がお母さんと話をしているこんなときに見えてきたりするのです。それは、お母さんが「優しいところのある子どもに育ってくれました」とか、「学校には行きたくないけど塾には行くんだって、粘り強いところもあるんです」など、自分の子どものよいところを私に言うときです。そのとき私が「その子は誰に育てられたのですか？」と質問すると、お母さんは一瞬、黙ってしまうのです。育てたのはほかでもない自分であることを改めて思い、お母さんは自分ががんばってきたことに少し胸が詰まるのです。そういうがんばってきたことは、できれば、家族の中でたたえあったらよいのではないでしょうか。

プロセスをたたえること。それは失敗を上手に使うことに通じます。

第４章

親ができること

part 2

親ができることは何か

できないことがたくさんあっていい、という前提を踏まえて、あらためて親にできることを考えてみようと思います。

江戸時代中期、米沢藩藩主に上杉鷹山《うえすぎようざん》という殿様がいました。名君の誉れ高く、破産寸前だった米沢藩の財政再建を成し遂げた鷹山は、『してみせて、言って聞かせて、させてみる』という言葉を残しています。この「まず、自分が手本になれ！」とのリーダーの率先垂範の態度は、さまざまなお手本となりました。

先の大戦の連合艦隊司令長官山本五十六《やまもといそろく》は、これに自らの言葉を追加し、それがまたリーダーのふるまいの新たなお手本として有名になりました。私はさらにちょっとだけ足し算して「親ができること」を整理してみました。

まずは山本五十六さんの言葉です。

「やってみせ、言って聞かせて、させてみせ、ほめてやらねば、人は動かじ」
「話し合い、耳を傾け、承認し、任せてやらねば、人は育たず」
「やっている、姿を感謝で見守って、信頼せねば、人は実らず」

以上の言葉を山本五十六さんからお預かりし、それに私なりの味つけをし、以下の12個を「親ができること」としてご提案します。

1 感謝する
2 親が自分で考える
3 やってみせる
4 言って聞かせる
5 させてみる
6 ほめてやる
7 話し合う
8 耳を傾ける
9 敬意を払う
10 承認する　認める
11 信頼し、任せる
12 祝福する

《感謝する》とは

それではひとつずつ説明していきましょう。

心理療法のひとつに内観法というのがあります。簡単に説明すると、自分の親兄弟祖父母などとの関係において、以下の三つの事柄について見つめてみることです。その三つとは、「してもらったこと」「してお返ししたこと」「心配や迷惑をかけたこと」です。

あるとき、私の友人がこう言いました。「ありがたい」の反対は「当たり前」だと。うなずけます。だって「ありがたい（有り難い）」の反対が「（有って）当たり前」だというのですから。そこで、いくつかご質問をします。


あなたが生まれたのは当たり前ですか？

あなたが生きてこられたのは当たり前ですか？

あなたが外から無事に帰られたのは当たり前ですか？

あなたが夕食をとれるのは当たり前ですか？

あなたが屋根の下で眠れるのは当たり前ですか？

あなたが朝、目覚めることができたのは当たり前ですか？
あなたが出かけて事故にあわないのは当たり前ですか？

次に、同じ問いを「あなた」に替えて「あなたのお子さん」としてお答えになってみてください。

もしも、いずれかの問いに対してノーと答えるなら、そのことは「有り難い」ことなのかもしれません。ならばそれは感謝すべきことではありませんか？

《親が自分で考える》とは

さて、思い起こしていただきたいのは、中学受験とは何よりも子どもの自立を目指す旅でした。その旅の途上で使いながら強化していく力が、グリット（やり抜く力）とレジリエンス（立ち直る力）でした。その目的と意義を忘れずにいることが、この冒険の旅をつつがないものに、かつ実り豊かにすることにつながります。

そのためにはまず、「自分のことは自分でさせる」という原則に親がしっかりと立つことです。親子がそれぞれ「自分のことは自分でする」ためには、どこまでが自分のことで、どこからは相手のことであるのかが分別できていなければなりません。「子どものこと」と「親のこと」の、その領分をきっちりと分けて考えるようにすることです。

たとえば、子どもが勉強や塾通いをストレスに感じたのか、「もう、ヤダ」と言い出したら、あなたは子どもに何と言いますか？　もしかしたら、「だったら、受験やめたら」と言ったりしないでしょうか。

まず、ここで整理しておくべきは、受験をするのは誰かということです。それは、もちろん子どもであって、親ではありません。一方で、受験に必要なお金を払うのは親であり、払うか払わないかは親の裁量の範囲です。本来なら、子どもが親を説得して中学受験をさせていただくというのが筋です。その筋にこだわるならば、たとえば親が、「おまえ、本当に受験したいのか？　それなら1ヵ月のあいだ行動で示してみろ。お父さんが納得したらお金を出してやる」と言ってもいいわけです。つまり、受験するのは、あるいは受験することを選ぶのは子どもであり、それをサポートするのが親であるということを、子どもも親もはっきりと認識する必要があります。言い換えれば、子ども本人が自ら選んで行動しなくてはいけない領域を明確にして、それを子どもに考えさせ、行動させることがまずは基本となるのです。

「もう、ヤダ」と言い出した子どもに、「この受験って誰のこと？」と冷静に問いかけ、それが子ども自身のことであり、自分が決断する領域のものであることを、まずは子どもに思い起こさせることが大切です。その上で、子ども自身が考え、やはり勉強を続けようと自分で決めることができれば、そのほうがよいと思いませんか。

それでもなお、子どもが「受験をやめたい」ときっぱり答えたら、どうなさいますか？正念場ですね。

「あとで後悔してもしらないよ」

「あなたのことを思って言っているのよ、あなたの将来のためなのよ」

「あなたの気持ちはわかった。でも、塾には行ってね」

「そう。だったら、やめたら（と投げやりに言う）」

「お願い。お願いだから、受けるだけでいいから、受けて。ほしいもの買ってあげるから」

これらで当座はすんでしまう場合もあるかもしれません。

もしもあなたがこの対応に悩んだら、それは感謝していい場面です。つまり、お子さんが難問を投げかけてくれたことで、しっかりと自分で考える機会を与えられたからです。中学受験をしないと言う子どもに、受験を「させる」にせよ、「させない」にせよ、よくよく考えてご自分の言葉で応対なさる、それしかありません。

中学受験をしても、しなくても、合格しても、しなくても、それが生死の分かれ目であるかどうかは誰も知りません。通常はいずれにしても、子どもは発達していくのです。それが現実です。ですから、どうせなら難問を解きながら進んだほうが、味わいが深いのではありますまいか。ご自分の思考と感情、価値観や生き方についての考え方などを見つめなおす絶好の機会です。

「親のこと」と「子どものこと」の分別

分別するということは、ゴッチャにしないということです。子どもがやがて自律的に生きていくには、子どもが自分の行動や思考や感情を自ら律するようになる必要があります。古典的な言い回しの「自分のことは自分で」の実践です。子どもが自分のことを自分でやれるようになるために、親は子どものことへの手出し、口出しを控えていきます。それができるための前提は、親のことと子どものこととの分別です。親がいつまでも子どものことに手や口を出していたり、親が自分のイライラを子どものせいにしていたりすることを、「分別ができていない」「ゴチャゴチャだ」といいます。これが子どもの自律と自立を著しく妨げ、家庭内暴力などの危険な状況を招きます。そうなる前に、分別しましょう。「まぜるな、キケン！」

突然ですが、筆記具（できれば後で消せるもの）をお出しいただき、以下の12項目が誰のことだと思うか、該当するところを○で囲んで、分別をしてみてください。

①私立中学を受験すること　親のこと　親子のこと　子どものこと

②中学入試に必要なお金を支出すること　親のこと　親子のこと　子どものこと

③子どもの朝の起床　親のこと　親子のこと　子どものこと

④朝食をつくること　親のこと　親子のこと　子どものこと

⑤朝食を食べること　親のこと　親子のこと　子どものこと

⑥子どもの食器の始末　親のこと　親子のこと　子どものこと

⑦登校時忘れ物をしないようにすること　親のこと　親子のこと　子どものこと

⑧算数の成績を上げること　親のこと　親子のこと　子どものこと

⑨塾に通うこと　親のこと　親子のこと　子どものこと

⑩親の怒りなどの感情の取り扱い　親のこと　親子のこと　子どものこと

⑪ 中学受験をしないという選択　　　親のこと　親子のこと　子どものこと
⑫ 中学受験に金を出す出さないという選択　親のこと　親子のこと　子どものこと

　ひと言、申し添えておきます。「行動の選択」と「行動の選択に影響を及ぼすこと」との分別は大切です。たとえば、子どもが進学する大学を子どもの代わりに親が選択することと、子どもが進学する大学選びに親が影響を及ぼすこととは別のことです。後者は親がアドバイスや意見を述べて、選択は子どもにゆだねるというやり方を含みますので、この「選択は子どもにゆだねる」さえ担保できていれば、子育ての方法として現実的なやり方です。

《やってみせる》とは

　子どもは親のやり方をずっと見て育ちます。親が「やってみせる」つもりがなくても子どもは見ています。そして多くのことをお手本として取り入れます。

　たとえば、時間管理のお手本です。

　朝から晩まで、平日も休日も子どもは親の時間の過ごし方を見て育ちます。ひょっとするといつもあわてている親や遅刻している親の様子などを監視しているかもしれません。

短中長期的な目標設定や重要度・緊急度のマトリックスを意識した時間管理をしている自分を子どもに見せていますか？　段取り能力や他者の時間を守る配慮を子どもに見せつけていますか？　それとも、ルーズで計画性がなく、しかも待ち合わせなどにしばしば遅刻して他人の時間を浪費することに無頓着な姿を見せていますか？

たぶん大切なのは時間管理の精緻さではなく、自分や他者の時間に対する敬意なのではないかと考えます。その敬意という土台の上に、「私流の時間管理術」のような多様な〝やり方〟が乗っかるのでしょう。示すべき手本の要は敬意です。

自分や他者の時間に敬意を払う、これは親にできることです。

子どもが自分で自分の時間を管理できるようになることは、もちろん大事なことですが、子どもが自分で自分の時間管理ができるように親が補助をする時期も必要かもしれません。お手本を示すよりも少しだけ踏み込んだ導き方になります。

反対に、親が子どもに代わって子どもの時間の管理をすることは、「子どもを支配すること」です。一方で「補助すること」は「子どもに影響を与えること」であり、主役はあくまでも子どもです。「支配」と「影響を与えること」を区別することが、親にとっては大事です。「私がやらせなくちゃ」と思うか、「私がどういう影響を与えられるだろうか」と思うかは、子どもにとって大きく違います。

子どもには「自分」という概念が、「自分がやらなくちゃ」という意識とともに身体感覚を伴うものとして育っていきます。たとえば歯磨きにしても、親が手伝わずに子どもにやらせると、「自分でやることなんだ」ということが身体を通じておぼろげにわかってきます。小学低学年ではまだ「自分」という自覚は持ちにくいですが、中学年以降は「自分」というものが明確に意識されていき、自分のことを自分でコントロールする力が高まってきます。その邪魔をせず、コントロールする力の発達をアシストするのが親の役目であり、それは中学受験の時期と一致するのです。小学6年生になって、親が放っておいても、自分で自分の時間を管理できたとしたら、それはかなり優秀ではないでしょうか。

ところで、読者の中には「自分で自分の時間を……」という言い回しが気になった方もいらっしゃるでしょう。くどい言い回しを繰り返したのは「自分の時間」を強調したかったからです。「この時間は誰のもの？」という感性を持たないまま、つまり脳を発達させないまま、齢《よわい》ばかり重ねた大人がゴロゴロしていることにお気づきでしょうか？　そういう未熟な大人は次のようなことを繰り返します。

●アポイントの取り直しやリスケジュールを繰り返す
●待ち合わせにしばしば遅れる
●会議の進行が遅い
●議題に沿わない発言が長い
●相手の都合を尋ねずに電話や立ち話を続ける

人は失敗をします。それを許容するのが大切ですが、性懲りもなく繰り返すというのはいけません。自分以外の人たちにはそれぞれ「自分の時間」があります。お金以上にそれはひとたび失ったら取り戻しようがありません。そういうかけがえのない他者の時間への敬意を培うためにも、子どものうちから「自分の時間」という認識を持ち、親はこれに敬意を払う必要があります。同時に「共に使う時間」「他者のために使う時間」という感覚を培う場面も家庭です。

蛇足ですが、あるサービス業の方が「お客様の貴重な時間を無駄にしない」という心得を語っていました。ある意味、これはサービスの極意と申せましょう。

人生を美味しがるお手本

親は人生を不味そうに生きているか？　それとも親は人生を美味しそうに生きているか？　子どもには見透かされてしまいます。苦労しているかどうかに無関係ではないでしょうが、たとえ苦しくても朗らかに生きている人もいるし、失敗から学んで失敗にへこたれない人もいます。

56ページからの節で「意味の味覚を育てる」ことについて書きました。「子どもの意味の味覚を育てる」は、本書の中心的命題の一つです。

さて、難しいことはさておいて、ここでは親が人生をどのように楽しんでいるかを子どもは見ているという現実を踏まえて、「ちゃんと楽しみなさい。そして楽しみ方のお手本を子どもに示しましょう」というご提案をします。

お父さん、お母さんにお尋ねします。

最近、何に夢中になりましたか？　ワクワクしたのはいつのときですか？　そのうちどんな場面をお子さんに見せたいですか？　オンであれオフであれ、生き方はいつも問われています。「子どもにどうしてあげようか？　子どもにどうさせるか？」ではなく、「自分をどうするか？　自分のどういう人生を子どもに見せるか？」を考えて、実践していただきたい。それは親にできることです。

手元の液晶画面ばかり見ている自分の姿を子どもの手本にしたいですか？

また、子どもの学びを云々するだけではなく、「自分自身は何をどのように学んでいるだろうか？」と自問してほしいと思います。それは単に本を読むとか講座に出るということだけではなく、「今年のコピペのような人生を来年も送るのか、それともバージョンアップした自分をつくっていくのか」ということです。

無自覚でそれを上手になさっている方々もいらっしゃるでしょう。もしも右のように自問して何かを心に留められたら、自覚的に自分のバージョンアップにチャレンジしてみてはいかがでしょうか？

《言って聞かせる》とは

「言う」にもいろんな中身があります。語る・つぶやく・提案する・すすめる・命じるなどなど。

ですから言う前に親は自分の意図を確認しましょう。提案と命令はまったく違うことも心得ておいてください。提案と命令とでは「それは誰が決めること？」に対する答えが違います。提案の採否は子どもが決めること、命令は命令者である親が決めることです。

さて、次は「きく」を漢字にしてみましょう。菊はさておき、聞く、聴く、効く、聞くなどいろいろあります。「うちの子は親の言うことをちっともきかない」というときの〝きく〟はどういう漢字にしましょうか？　耳をふさいでいるような場合には「聞かない」でもいいでしょうが、聞こえているが従わないときが難しい。「貞《き》く」は貞淑から来ているので意味としてはピッタリですが、あまり使われませんね。

また、「耳を貸す」という言葉どおり、ちゃんと聞くときは聴覚を使い、時間も使います。失われた時間は買い戻せないですから、相手にとっても貴重な時間です。ですから「聞いてくれてありがとう」という態度が子どもに対しても「当たり前」なのです。

「言ったとおり」にはならないことも「当たり前」です。

たとえば、数人の人たちを前に「カミにマルニジュウと書いてください」と言って聞かせたとします。結果を予想してみると、「〇二十」「◎」「丸に十」「丸二重」などなど、おそらく、かなり多様なマルニジュウがあるはずです。これは「言ったとおりにはならない」理由を想起させるひとつの事例です。

他者に何かを〝言って聞かせる〟場合には、いろいろな結果が生じる可能性があることを覚悟する必要があります。仮に何かを「言う」側の意図どおりに正確に行わせようと思うのなら、それなりの準備が必要です。子どもに対してはなおのことです。

そして言ったとおりにならないとき、親は「何度言ったらわかるの?」と聞いたりしますが、これは言った回数を聞いているのでしょうか? 繰り返し言えば子どもはそれをやるのでしょうか? 命令の回数で行動が決まるのでしょうか?

子どもが納得するような「言って聞かせ方」をするには、聞く側への共感が必要です。「これは子どもの身になってみればどう見えているのだろう?」と心を馳せることもまた、親にできることです。

《させてみる》とは

他者に「〜させる」というタイプの動詞を使役動詞といいます。「させる」「してもらう」などの類のものです。「子どもを学校に行かせる」という情景を考えると、この「行かせる」という使役動詞の意味には単純に割り切って二つの可能性があります。

Ａ　子どもは学校に行きたい。

たとえば、インフルエンザが治ったので喜々として登校していった。その場合は子どもがやりたいようにさせること。いわば手放すこと。

Ｂ　子どもは学校に行きたくない。

それを無理に押し出すように、ときには親が強引に校門前まで車で搬送するような場合。その場合は親がやりたいように子どもに無理やりさせること。強いること。

子どもに何かをさせようとするときに、「これは親が手放すことなのか？　それとも強いることなのか？」を自問しましょう。そして、子どもの意思が、やりたいのか、やりたくないのか、どちらなのかを確認し、もしも「やりたがらないのを強いてやらせる」場合であるなら、それ相応の覚悟と、親がやらせたいように子どもがやらなかった場合の寛容さが必要でしょう。

ところで、子どもに「させてみる」ことの一つに「お使いをさせてみる」ということがあります。お使いは家族や自分以外の他者と社会的に関係を持つことです。買い物のお使いもあれば、何かを送り届けるというお使いもあるでしょう。相手が親や親戚でもなく、幼稚園の先生などでもない、いわゆる一般化された他者との接触を通して用を務めることは、自分が社会的に通用する行為ができるという自信につながります。

お使いの延長線上には旅があります。一人旅です。私の友人の御子息は、高校入学前に埼玉から関西までの自転車一人旅を敢行しました。その前にいくつもの段階を経ていったのだろうと思いますが、元服の年ごろで関東から関西まで人力で行けてしまうというのが素晴らしいと思います。そのように御子息をお育てになったご家族の力に敬意を表します。

失敗を学びの機会に

大人だって粗相はしばしばですから、子どもに何かさせれば、失敗はつきものです。子どもはしょっちゅう何かを壊し、こぼし、汚し、転ぶものですが、親から見れば、それは失敗であり、後始末をしないといけないので迷惑なことです。その結果、親は自分の不快感を子どもにぶつけます。それが「怒る」という行為です。相手を攻撃することに等しい行為ですから、いわば子どもにとっては失敗すると親から攻撃される、攻撃されるのは嫌だから失敗しないようにする。そういった単純な学習のメカニズムがそこで生じてしまいます。そうやって子どもが失敗しなくなると、親の負担も迷惑も減るので、メデタシ

メデタシとなる。しかし、それでよいのでしょうか？

「失敗するのは嫌なことだから、失敗はしないほうがいい」と子どもが学んだとしたら、それは子どもに「失敗を避ける生き方」を授けることになります。余計なことはしない、目立つことはしない、そういう生き方です。そうすると、授業中に手を挙げて意見や答えを言わない子どもになります。

あるいは学校で、先生の質問に子どもが答えられなかったときに、先生が「おまえ、そんなこともわからないのか。授業をちゃんと聞いていなかったんだろう」と叱ったとします。子どもの失敗に対する、そういった先生の態度は、子どもが理解できないことを自分から確認したり、学びに踏み込んだりする、さまざまなチャンスをふいにしてしまいます。

これは親と子どもにおいても同様です。子どもが失敗したのなら、その後始末は子ども自身にさせればよいのです。その後始末の結果を見届けて、肯定的な言葉を一つ言うだけでよいのです。子どもの心の中で失敗と不快感が結びつかなくなれば、失敗したら自分で後始末をすればいいんだという考えをするようになります。

勉強において、何らかの選択の失敗を子どもがしたのなら、どこが失敗の原因だったかを冷静に吟味すればよいのです。不注意が失敗の原因だったのなら、次に不注意をしないようにすればいいし、不注意にならないためには何をすればいいかという学びにつながるのですから。まずは不快感を持ち込まず、クールに考え、取り組んでいけばよいだけのことです。

自分の一日を自分で始め《させてみる》

「自分のことは自分でする力」を育てるおすすめの方法の一つが、自分の一日を自分で始めさせることです。大人になるということは自立して生きていくことであり、自立とは自分のことが自分でできることです。「明日から君を1メモリ分今までよりも大人扱いすることにした。ついては、明日から自分の一日は自分で始めてほしい」。そう言って聞かせ、翌朝から起こさないようにします。

朝寝坊して学校に遅刻したら学校の先生が対応してくれますから、親が子どもの朝寝坊に目くじら立てる必要はありません。いつもどおりニコニコと「行ってらっしゃい。気をつけてね！」とお見送りすればいいのです。

もしも自力単独では起床できないというのであれば、前夜のうちに頼んでくれれば起きるのを手伝ってあげてもいいと伝えます。手伝ってもらうのですから、起こしてもらったらお礼を言う。そのようにしつけましょう。

そして自分で起きられたら、「ほめてやる」のです。

《ほめてやる》とは

自分でやったら、ほめてやります。うまくやれたか、失敗がなかったかが大切なのではありません。子どもが「自分でやりとおした」ことに価値があり、その価値を嬉しさとともに心に刻んでもらうためにほめます。ここでは親がやれるほめ方について考えてみます。

最初に自分の体験を書きます。まだ、幼稚園の園児だったころ、いきさつは覚えていませんが、父に飛行機のプラモデルを買ってもらいました。父の仕事からの帰りが待てなくなり、自分で箱を開け、説明書を見ながら作ってしまいました。そうです、幼稚園児ですから説明書は読むのではなく、見るだけ。

でも、残念ながら、「できました！」と胸を張れる作品にはなりませんでした。

なぜか？　当時の私はプラモデル用の接着剤というものがあるのを知らず、ヤマト糊でくっつけようとしたからです。こうしてベタベタのスクラップが完成しましたが、帰ってきた父は、それを前にニコニコしていました。

繰り返し強調しますが、大切なことは親がどのようにほめたかではなく、子どもがそのことをどのように体験したかなのです。

ほめるときのめあて（基準）としたいのは、「自分でやりとおせた、嬉しい！」という子どもの体験です。そんなときに普段はめったにほめたりしないお父さんが、ほんのわずか相好を崩しただけでも、子どもは嬉しく思うかもしれません

ほめるときに大切なのは正直さです。ですから、嬉しいとか、感心したとか、親自身が本当に感じていることが前提です。そのためには親の感受性、子どもの努力する姿を嬉しがれる感受性を磨いてください。ご自分の目のつけ所を、「顕在化された努力の成果・結果」だけではなく、「まだ成果や結果に結びついていない努力のプロセス」に向けてください。目を凝らし、耳を傾け、たとえ微かであっても前向きの変化に気づき、素直によろこべる人間に向けて、ご自分を成長させてください。また、ご自分をそのように成長させようとしていることの価値にも気づいて、自分自身も素朴に喜んでください。

この前提、あるいは土台さえちゃんと身についていれば、あとは感じたことを率直に表現すればいいだけです。

「うれしい」

「驚いた」

「上手になったね」

「よく考えたなあ」

「感心した」

「あっぱれだ」

ほめ上手になりたければ、「ほめ台詞」を増やすこともオプションとして大事ですが、そうしたテクニックは、あくまでも「よろこんでいる親」の表現方法を補強するだけです。保護者自身の表現スタイルや流儀もおありでしょう。ほめることについての私からの提案は、以下のとおりです。


嬉しい思いをしたかったら、嬉しがれる自分になれ。あとは率直にそれを自分流に表現すればいい。それが正真正銘のほめ言葉。

「ほめる」の最後に、私自身のほめられ体験を二つご紹介します。どちらも世田谷区立松原小学校在学時の体験です。

一つは、図画工作の時間に大国先生から彫刻刀の使い方をほめられました。利き手の右手で彫刻刀を握るのですが、左手の添え方が正しいと言うのです。「田中のようにやれば、コントロールができるし、安全だ」と授業中に大きな声でほめてくださいました。適切な行動をした際にバシっと強烈にほめる作法は、その行動を定着させます。怒鳴り声ばかりが印象に残っているような、普段はたいへんに厳しい先生がほめてくださったのが、まるで不動明王にほめられた気がして嬉しかったです。本気で叱る先生でしたから、本気でほめられたように感じました。「安全のために作法を守る」ということをガツンと学びました。

二つ目は、2年生から2年間受け持ってくださった田中良子先生に、学級でみんなの前に立たされてほめられた体験です。田中先生は廊下などですれ違う時に、生徒の目を見てニッコリと微笑んでくださる先生でした。ですから生徒の私もいつのまにか、田中先生とすれ違う時は先生の目を見てニッコリするようになっていたのかもしれません。そのうちにどちらがニッコリの先手を取ったかは不明瞭になっていきます。すると、私のニッコリが先生を喜ばせたような気になってますます嬉しくなってくるのです。

あるとき、そのニッコリの直後に廊下から教室に導かれ、黒板の前に立たされました。「田中君はいつも先生（先生ご自身のこと）と出会うと目を合わせて微笑んでくれます。

それが先生はうれしいです。」と私の態度をほめてくださいました。「いつも」というのは、今思えば「過度の一般化」に違いないとふり返るのですが、叱られる時と違って、ほめられるときの「過度の一般化」はくすぐったくもあり、嬉しくもあり、同級生たちの前でモジモジしていたに違いありません。

しかし、そんなことより大切なのは、人に対して敬意を示すということの本質とその態度を田中先生から学んだことです。他者への敬意というとても大きなこと、意味のあることを、微かな動作で示し合う。これが、一生の宝物になりました。

《話し合う》とは

話し合うことには、《A＝親が自分の気持ちや考えを伝えること》と、《B＝子どもの気持ちや考えを受け止めること》、そして《C＝合意形成にむけて協力すること》などが含まれています。このうち、Bはあとでくわしく述べます。

親が自分の気持ちや考えを伝えること。これは親にできることです。同時に誰にとっても容易とは限りません。なぜでしょうか？

まず、伝えているつもりでも伝えていないからです。

そんなことがあるのでしょうか？　実際、あるようにお見受けいたします。つまり、次のようなことです。私たちは自分の気持ちや考えに自分で気づいていなかったり、部分しか見えていなかったりします。自分の本当の考えや気持ちはどうなっているのか？　思いついていることがすべてなのか？　ほかに抑え込んでいたり、軽視している考えや気持ちが埋もれていないか？　葛藤を抱えていることに気づいているか？　などなどを自問自答なさることをおすすめします。

また、気づいていても、わざと隠して一部分だけを伝える場合もありえます。子どもを操作しようとするときにやる方法です。これは詐欺師の手段。一部の真実を伝えて相手を信用させ、大きな虚偽をごまかすやりかたです。

伝えるための極意は、真率さにあることを肝に銘じていただきたい。

また、子どものほうに要因があって伝わらないことがあります。「聞いていない」「聞き流している」「聞いたふうを装っている」「親のメッセージをそのままに理解していない」などの要因が考えられます。これらを乗り越えるためには、聞いてほしいということと、その理由を真率に伝える。心の窓（扉？）を開いてもらえるような伝え方をする。何がどう伝わったかの確認をする。以上のようなことが大事です。

親子での合意形成

「これをやりなさい。わかった？」

「うん」

「うんじゃないでしょ。ちゃんと返事をなさい」

「はい、わかった」

「約束よ」

「はい」

……これって合意形成になっているでしょうか？

「コレコレの理由で私はあなたにこれをやってほしいのだけれど、あなたはどう思うの？」

ここから出発しないと合意をつくっていくことは困難です。なぜなら、親の「意見」と子どもの「意見」を合わせて、妥協なりシナジー（相互作用）なりによって納得をつくることが「合意」だからです。相手にとって、かりに不満足であっても「自分で選択した」ということが大切なのです。もちろん望ましいのは、どちらの側も満足できるゴールに至ることです。

《耳を傾ける》とは

子どもの気持ちや考えを受け止めるには聴かねばなりません。しっかりと聴くことです。「きくことは従うことだ」という勘違いは捨ててください。「相手の言うなりになること」と「聴く」こととは別物です。

私は子どもにもできるストレスマネジメントの新生活習慣として、二つのことを親が子どもたちにさせてくれるようになったらいいと思っています。その一つが「おうちに帰ったら、お話、聴いてもらおう」です。この生活習慣を支えるのが親による傾聴です。

傾聴の意味はこの二つの漢字の要素の中に含まれています。耳＋目＋心を傾けることです。親として、まずは3分間、次のことをなさってみてください。

誰でもできること

①「3分聴くぞ」と覚悟する。
②子どもの話に途中で口を挟まない。
③とりあえず、否定しない。

④「聴いてるよ」ということを示す。うなずいたり、あいづちを打つなど。

練習して上手になること

⑤聴いている間は自分の言いたいことを考えない。

⑥情報と情動（気持ち）を区別して、後者をくみ取ろうとする。受け止めた情動を反射する（受け止めているということを伝える）。気持ちを受け止めていることが伝わるような反応を示す。

⑦子どもが表現していることと親が聴こうとしていることにギャップがないか、自問自答する。

⑧目的を持って質問する。

⑨言語以外のコミュニケーションにも配慮する。

⑩子どもがまだ語れていない「何か」を探る。

⑪子どもに対して惜しみない敬意を示す。

この３分間が、子どもにとってのストレスマネジメントの新生活習慣《おうちに帰ったら、お話聴いてもらおう》を支えることになります。

《敬意をはらう》とは

「傾聴」がより効果を上げるためには、「敬聴」することが大切です。また、お話を聴くような場面でなくても、「敬意をはらう」という行為は親の言葉やしぐさを含めたあらゆるふるまいに滲み出てきます。親が他者に敬意をはらう様子は、子どもたちにとってよいお手本になります。私は「敬意をはらう」を家訓の筆頭にしてもいいと考えています。居間のよく見えるところに「敬意をはらう」という掛け軸でもぶら下げてはいかがでしょうか。

親ばかりではなく家族や他者に対して、そして自分自身に対して敬意をはらう姿勢はしつけの基本になります。

敬意をはらう姿勢から、「ばか、死ね」などはなぜ禁句なのかを自然に知ることになります。また、誰にどのように敬意をはらうことにすれば、戦争は防げるのか？　あるいは、いじめや暴力は防げるのか？　自殺や怠惰は？　落差のような格差は？　フードロスは？　そのことを考え、気づくことへとつながっていくのです。

《承認する・認める》とは

私は「承認する・認める」を「よく見て、受けとめ、心に留める」と解することにしています。よい悪いを保留して、気づき、気にかけ、記憶することです。

人の行為については、かなり注意して（careful）まなざしを向けないと見えてこないことがあります。子どもたちの前向きな努力などは、それが形になったり、成果に結びつかないと周囲からは気づかれにくいものです。まして「結果が出なければ無意味」というような態度で見られていては、結果に結びつかない努力は価値を失い、努力する側も「こんなことしても意味がない」と放り出してしまいかねません。

若いうちの苦労は買ってでもする。その価値は、「苦労すること」自体の値打ちを心身に叩きこむことで生まれます。そのために、水面下の努力を、誰かが「よく見て、受け止め、心に留める」必要があり、がんばっていることに「気づき、気にかけ、記憶する」ことが大切なのです。

その誰かとは誰か？

最適任者が親でないはずがありません。

《信頼し、任せる》とは

余計な口出しや手出しをされれば、自分は信頼されている、任されているという感覚は得にくいでしょう。一方でこれらの感覚、「信頼されている」「任されている」という感覚は、子どもの自己信頼感によい影響を与えないはずがありません。

信頼とは相互作用です。親がいくら「私はあなたを信頼しているよ」と言っても、相手が「信頼されている」と感じるとは限りません。

一方で、何も言わなくても、子どものほうで「信頼されている」と受け止めることはあります。ある日本の政治家の「Trust me」という台詞が以前話題になったことがありましたが、信頼は言語とは次元の異なるものです。「信頼してください」と百万回言われても信頼できない。その反対に、何も言われなくても「信頼してしまう」こともあります。また、人間には自分が相手から信頼されていると感じてしまうと、それに応えようとする傾向もあるようです。

親ができることは、子どもを信頼し、任せることです。

何ですって？　子どもを信頼できる根拠がない？　子どもを信頼するのに根拠は不要です。銀行の担保じゃないのですから。哲学者のアルフォンソ・リンギスはその名もズバリ『信頼』（青土社）という書物の中で、「信頼という行為は、未知なるもののなかへ跳びこむことだ」と言いきっています。読者への信頼を感じますね。

この本を書いていて時折反省します。私がコマゴマ、クドクドと書けば書くほど、読者には「あいつは私たちのことを信頼していない」と感じさせてしまうのではないだろうかと。ザックリ書いてあとは読者に任せるのが著者の読者への信頼ですね。

《祝福する》とは

ついに、「祝福」にまでたどり着きました。親にやれることの最初で最後。誕生を寿ぎ、今を寿ぐことです。

お赤飯を炊いてお祝いをなさっていますか？　具体的にはこれがイチバンです。心の目をよく開いて観察すると、子どもたちの努力が見えてきます。アンテナの感度をあげてください。子どもたちはよくなりたいし、よくなろうと努力しています。それが見過ごされたり、ケチをつけられるとたまらなくガッカリします。子ども自身だってうまくやりたいのです。うまくやって「よくできたね」と言ってもらいたいのです。でも、いつもうまくいくとは限りません。やり方が間違っていたり、上手にできないことがあるのは当たり前です。でもね、努力の価値は成果の計量と無関係です。なぜなら、人間の究極の成果は死ぬことだからです。どんなに立派な業績を残そうが、蓄財をしようが、能力を身につけようが、火葬場から帰ってきたら灰です。

このことを教えてくれたのは私の父です。陶芸家である父が死んだとき、父が半生をささげて積み重ねたり磨いたりしてきたりしたものが灰になったように感じました。成果？たしかに作品は残りました。私自身も父の生き方の成果の一つでしょう。しかし、作品の数は数えることができるし、遺産は計算することができるでしょうが、三途の川を渡ろうとする父自身にとってはそれらは余計な荷物でしかない。本物の、正真正銘の冥途の土産とは努力です。父が半生を捧げるような努力をしたことは、これ以上ない意味を伴っていると思います。父本人にとっては、たぶん。私にとっては、間違いなく。

祝福されるべき最後の対象は、親自身です。子どもの誕生以前から今に至るまでの計り知れない努力はたたえられ、祝福されるにふさわしい。同時に本書を最後まで読みとおされた努力をたたえ、祝福させていただきます。

ゲーテは『ファウスト』の最後の場面で、天使たちに歌わせます。

たえず努め励むものを
私たちは救うことができる

それにならって、私も天使たちにこう歌ってもらうことにしましょう。

目に見えない努力をし、励む子どもたちを
親たちは救うことができる
心からの敬意と祝福とによって

appendix

家庭でのストレスマネジメント

ストレスとは何か

　ここからのappendix（付録）では、受験の旅を続けるにはどうしても避けることができないストレスについて扱います。中学受験の旅の途上においては、旅する子どもも本人だけでなく、周囲の家族もまたさまざまなストレスにさらされます。いわば前進する道のいたるところで待ち受ける怪獣やお化けのようなものです。それならば怪獣は味方に寝返らせてお供にすればいいし、お化けが出たら、「ほら、出たぞ！」とワクワクすればいいのです。

　とはいえ、言うは易く、行うは難し。それに一概にストレスは悪いものとばかりもいえません。立てた目標がストレスになるかもしれませんが、その一方でストレスがあるからこそ目標に届くようにがんばることもあるのです。ストレスが追い風に変わるようなものですね。

　ストレスについてはさまざまな立場から定義がなされてきました。私は、ストレスをマネジメントするの

ストレス：何らかの原因により、心や身体が影響を受けた状態

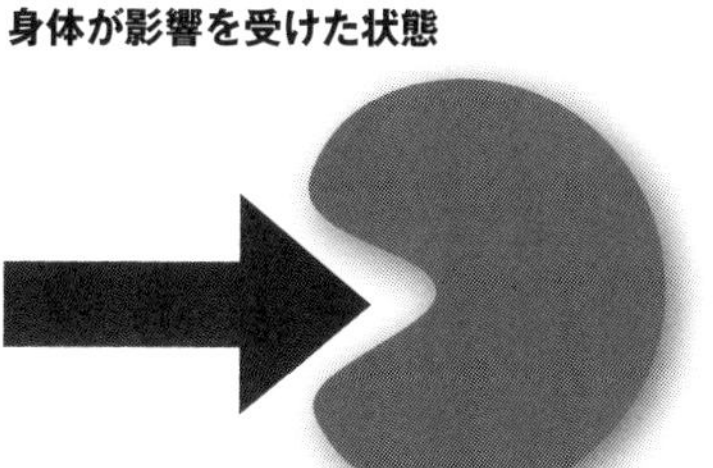

ストレッサー
心や身体にかかる
外部からの刺激

ストレス反応
ストレッサーに対する
精神･身体的反応

に好都合な定義として、何らかの原因により心や身体が影響を受けた状態をストレスとよび、その原因をストレッサー、ストレッサーに対する反応をストレス反応とよぶことにしています。この定義を用いることにより、ストレス反応を軽減するには何をしたらよいのかといった対処について理解がしやすくなり、誰でも少し勉強するだけでストレスのセルフケアが可能になるし、もう少し勉強すれば家族や同僚のストレスケアもできるようになります。

ところで、右下の「名画」は私がこれまでに描いた中での最高傑作です。その理由は、他の絵と違って何が描かれているかが一目瞭然だからです。棒のしなりというストレスを利用して5cmでも10cmでも高く跳ぶことはストレス活用の象徴です。

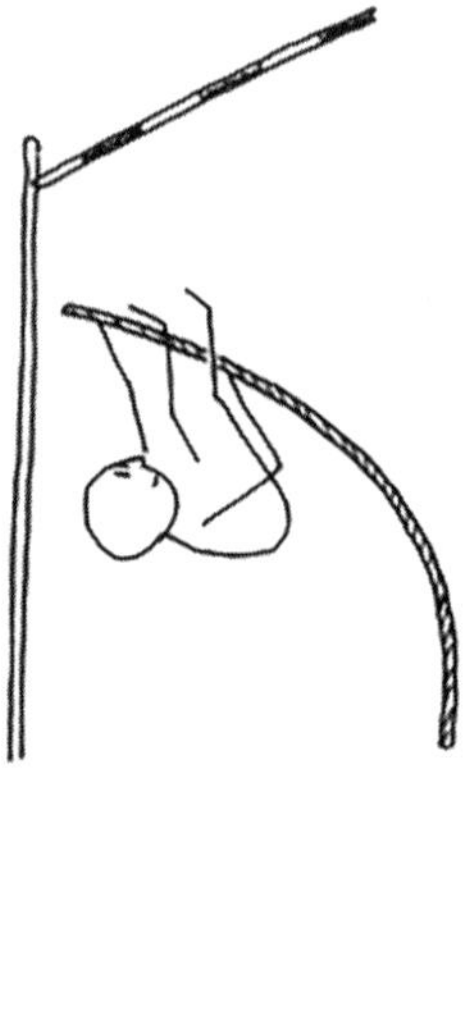

一方で過度なストレスは心身にも、そして人間関係にとっても悪い影響を及ぼしかねません。「名画」に描いた棒高跳びの棒が折れてしまう状態です。過度なストレスには事件事故や自然災害のような突然の猛烈なストレスと、徐々に蓄積してテンコ盛りになったストレスがあります。後者はいわゆる「ストレスがたまった」状態です。私は「宵越しのス

トレスは持たないように」とよく主張するのですが、上手にストレスとつきあえば、ストレスのたまり過ぎを防ぐことができます。ストレスとの上手なつきあい方をストレスマネジメントといいますが、子どもばかりでなく、親のストレスも上手に手なずけてマネジメントすることができれば、ストレスを中学受験のために逆に利用できるようになるでしょう。また、中学受験をきっかけにストレスマネジメントが上手になれば、これは一生ものの生きる力になります。

サイコロジカル・ファーストエイド

21世紀型の心のケアの一つの領域として知られてきているのが、サイコロジカル・ファーストエイド（ＰＦＡ）。ＰＦＡは、自然災害や事故や戦災などによって心の傷を負うような体験をした人々に対し、周囲の有志が、精神医学の専門家でなくても、早期の適切な〝手当〟を行うことで問題の悪化を防ごうという考え方と手法です。

この項でＰＦＡをご紹介する理由は、日常の小さな心の傷や、いじめなどの継続する心的外傷体験、そして受験準備で心が「折れ」たり、「消耗」したり、「燃え尽き」たり、親の一言で傷ついたりすることを未然に防ぐのに役に立つ情報をＰＦＡが提供してくれているからです。

兵庫県心のケアセンターの加藤寛先生たちのグループは、ＰＦＡの活動方針として次の７項目を示しています。

1　安全と安心感を確立する。
2　その人がもともと持っている資源を活かす。
3　ストレスに関連した反応を軽くする。
4　適応的な対処行動を引き出し、育てる。
5　自然な回復力を高める。
6　役に立つ情報を提供する。
7　支援者の役割と限界を明らかにし、適切な紹介をする。

ほらね、やっぱり一番目は「安全と安心感」なのです。「家内安全」で心が安らげる家庭にどれほど価値があるか、何度でも強調させていただきます。また、自助と共助が基本になり、その範囲を超えるようなことは、７にあるように専門家を活用するというのが基本方針です。

ＰＦＡは、ＷＨＯ版をはじめ、アメリカやオーストラリアなども独自のものを開発していますが、兵庫県こころのケアセンターのウェブサイトにはアメリカのものが紹介されています（http://www.j-hits.org/psychological/）。

家で言えると癒える

さて、ここからは子どものストレスをどうやって軽減し、解放してあげられるかについて考えていきましょう。

朝、子どもは学校に出かけ、そこでいろんな経験をし、そして夕方、また家に帰ってきます。そんな日々の繰り返しの中で、子どものストレスマネジメントにとって大事な場所は、当然、家ということになります。その家での生活習慣としてまず取り組んでいただきたいのが、「語り」です。

私は、１日３分間のストレスマネジメントの新生活習慣〈おうちに帰ったら、お話聴いてもらおう〉を提案しています。ストレスがある体験をしても、お話を聴いてもらうことが習慣になっていれば、それを語ることにより日々のストレスの消化が可能になります。

また、専門家の支援を求める機会を逸して、事態が悪化することも防げます。

これは子どもだけでなく、親にとっても有効なストレスマネジメントです。思っていることを言えないのは苦しいことです。その苦しさをためないために、家に帰ったら家族に語り、それを聴いてもらうのです。

まず、子どもが学校から帰ってきたら、どんなことでもいいからお話をしっかり聴いてあげましょう。家事のついでではなく、ちゃんと子どもに向き合って、1日3分でいいですから、ちゃんと話を聴いてあげるのです。

ここで私は意図して「聴」という漢字を使っています。先述したように、「聴」という漢字は「耳」と「目」と「心」から成っているからです。耳と目と心をフルに動員して子どもと向き合ってほしいのです。まなざしを向け、耳を傾けることは、その間、相手を優先順位の第一として扱うことです。相手に対する敬意の伝達行為です。それが伝わると「自分は大切にされている」と感じられる体験につながります。この「自分は大切にされている」感覚と「自分は大切な存在だ」という思いは表裏一体で、これがストレスに打ち勝つ強力な栄養素である自尊感情の構成要素なのです。

子どもの話を聴くときに大事なのは、子どもの話を否定しないこと、そして口を挟まずに最後まで聴いてあげることです。よく親は自分の関心事に気を取られ、子どもの話の途中で質問をしてしまったりします。とくに「なんで給食食べられなかったの?」「どうしてケンカしたの?」などというように、「なんで?」「どうして?」という言葉を使いがちです。ところが、この「なんで?」「どうして?」という言葉が、子どもにとっては、もしかしたら叱られるのではないだろうかと、否定のニュアンスに聞こえたりします。また、単純に理由や原因を尋ねているのだとしても、子どもがうまく言葉で説明できなければ、それがまたストレスとなってしまうのです。人間は訳を知りたい生物です。訳がわからないと不安になります。だから、訳を尋ねたくなる親の気持ちもわかるのですが、ひとまず子どもの語りに集中し、親の興味・関心・言いたいことは後回しです。

余計なことを言わずに、ただ、すべてを受け入れる気持ちで、1日3分でかまわないので、子どもの話を聴いてあげましょう。この「語り」の生活習慣化からまずはスタートしましょう。これがすなわち、「家で言えると癒える」というわけです。

3210リラックス法

子どもの話を上手に聴いてあげるためにも、親がリラックスしていることが大事です。

イライラ、ソワソワしていたら、子どもは真剣に聴いてもらっている気分にはなりません。

簡便なリラックス法の第一のおすすめが「３２１０リラックス法」です。これは、筋肉の弛緩と吐息を組み合わせたリラックス法です。

カウント	筋肉	呼吸
1、2で	力を入れる	息を深く吸う
3	静止	息を止める
2	ゆるめる	スーっと子音Sを口から発音しながら吐く
1	さらにゆるめる	さらに吐く
0	ゆるめきる	吐ききる
※左はオプションですが、よく効くトッピングです		
3	再度、力を入れる	再度、息を吸う
0	一気にゆるめる	一気に、声を出さずに「ッパー」と吐く

最後の「ッパー」では自然に明るく笑みをたたえることができてしまいます。もしかするとこの表情は〝子どもが世界で一番見たいもの〟かもしれません。やや惚《ほう》けたような表

情になれたら上出来です。息を吐くことは身体をゆるめてくれます。身体がゆるめば心もゆるみ、一呼吸置くので気持ちに余裕が生まれます。子どもの話を聞く前に親自身が落ち着くために、この「３２１０リラックス法」をお試しください。

「家庭でのストレスマネジメント」という趣旨から少しはずれますが、この先、受験する子どもにこの「３２１０リラックス法」をお伝えくださることをおすすめします。中学受験に限らず、その先の入学や資格取得のための試験において、上手にリラックスできると次のようなメリットがあります。試験開始前の適切なタイミングでお試しください。

① 覚えたことが思い出せる。
② 準備期間にやれていたことがやれる。
③ 集中力・注意力・段取り力などが発揮できる。

子どもと一緒に行うペアリラクセーションというものもあります。まずは「３２１０リラックス法で筋肉と呼吸をゆるめます。手のひらをこすり合わせるなどして少し温めましょう。その温かくなった両手を、いすに座っている子どもの肩にうしろからそっと置きます。そのまま、二人でゆっくりと呼吸をします。呼吸によって上下する肩の動きに合わせて、肩に置いた手も上下させます。そうして2〜3分ほど、二人でゆったりとした気持ちで、ゆっくり呼吸をしましょう。これがペアリラクセーションです。

なお、子どもによっては体に触れられるのを嫌がることがあるかもしれません。そんなときは、ご無理をなさらずに。一緒に「ッパー」になってください。

子どもの話をそのままに聴いてあげる「語り」の生活習慣。そして親も子もリラックスすること。この二つを合わせると「カタリラ」になります。お祭しのとおり、「語る」と「リラックス」を合わせた造語です。

「カタリラ」は子どもとの、いわば「ながらコミュニケーション」です。先にご紹介したペアリラクセーションをしながらでもよいのですが、洗濯物をたたみながらでもよいのです。心をゆったりさせながら、子どもの話に耳を傾けてあげるのです。洗いたての衣類の心地よい感触や香りに、自然と身体もリラックスしていくでしょう。子どもにたたむのを手伝ってもらうのもいいですね。何かほかの手仕事でもかまいません。視線が手元にあっても、耳と心が子どもの話にちゃんと向けられていれば、子どもは満足してくれるでしょう。

ただし、テレビを見ながらや、スマホでメールを打ちながらなど、心ここにあらずといった親の状態では「カタリラ」になりません。前述しましたように、「自分が優先順位の第1位として扱われる体験」が濃厚な心の栄養になるのです。ちゃんと心の視線を子どもに向けて話を聴いてあげましょう。

ストレスガスの薄め方

受験が家庭内の空気をピリピリさせることもあるでしょう。そのピリピリが子どもをなんとも不安な気持ちにさせてしまいます。そんな家庭内の不穏な空気のことを、私はストレスガスとよんでいます。

ストレスガスの原因物質はイライラや不満や不安です。お母さんのイライラがお父さんのイライラを招き、それが子どもに伝染して家中にストレスガスが広がってしまうというのは珍しいことではありません。「いっぱいいっぱい」の人がいて、家庭内にストレスガスが充満しているときは、小さなことが引き金になってガス爆発が起きることだってあります。

ストレスガスの発生元の一つであるイライラ感情。私はこれをイライラ虫と名づけていますが、このイライラ虫を上手に飼い慣らすことが、まずはストレスガスを減らす第一の対策です。

子どもが勉強せずに机に突っ伏して寝ていたり、勉強をせずにこっそりゲームをしていたり、そんな場面に遭遇した親が「何やってるの！」などと怒ると、子どもも不機嫌になります。そのふくれっ面を見て、親のイライラ虫は騒ぎ出すのです。「寝てる場合じゃないでしょ」「ゲームなんかしないでちゃんと勉強しなさい」と、追い打ちをかけろとイライラ虫は親をそそのかします。このイライラ虫の持っている針は怒られた子どもばかりでなく、怒った当人である親もまた傷つけます。

イライラ虫の上手な飼い方の基本は、イライラ虫の飼い主は自分であるということをはっきりと自覚することです。自分がイライラしているのは子どものせいだと思いがちですが、それではイライラ虫の思うつぼです。こんなときは、子どもが親の思うように行動してくれれば自分はイライラしないのだという考え方に乗っ取られています。しかし、これは自分のイライラ感情を他人のせいにしていることです。イライラするという感情、そして行動を選んでいるのは親自身であり、つまりイライラ虫が住んでいるのは自分の脳の中であるということを忘れているのです。

ペットの行動には飼い主が責任を持つように、自分の感情に責任を持たなければいけないのは自分自身です。イライラ虫の飼い主として、この虫を飼い慣らす責任が親にはあるのです。

イライラ虫をおとなしくさせるにはリラックスして心を落ち着かせることが第一です。感情に振りまわされていては、コントロールができません。まずは「ちょっと待て！」と自分にブレーキをかけます。次に「３２１０リラックス法」。そして、机に突っ伏して寝ている子どもの肩にそっと温かい手を置いて「がんばったね」とつぶやいてみたらどうでしょうか。そのほうが親子関係のみならず、学習効果にも結果的にプラスに働くはずです。

さて、ストレスガスを発生させる要因は、しばしば「ごちゃ混ぜ」にあります。かつて悲しい話題となった硫化水素や、塩素ガスなども「混ぜ」によって発生させることができました。洗剤の中には「混ぜるな危険」と大書してあるものを見かけます。〝家内安全〟の実現を目指し、〝家内安全〟こそが受験でのハイパフォーマンスの条件であると豪語する本書が、「混ぜるな危険」を見過ごしてはいけません。

混ぜないために私たちには分別《ふんべつ》が必要です。ゴミの分別《ぶんべつ》ならお手のもののお母さん・お父さんたち（当家では私もやります）に分別のある親になっていただきたい。そのために、次のような無分別という名の毒素を含んだ言葉が皆さんの日常の語録に含まれていないかどうか、点検してみてください。

無分別①　相手の存在を否定するような言葉を投げかけること

「オマエなんかいないほうがマシ」「生まれてこなければよかったのに」といった類の、子どもの存在を根底から否定するような言葉は、生きる力をそぎ落とします。硫化水素並みの猛毒です。「存在 Being」と「行為 Doing」を分別し、後者にはダメ出しをしても、前者は否定してはいけません。それどころか、存在は無条件に受容すべきものなのです。「在るがまま」と「為すがまま」をきちんと分別することが、前者の受容を可能にするのです。

無分別②　今さら言われてもどうしようもないことを言う

「オマエがあんなことさえしなかったら」「もう5分早く家を出ていたら遅刻しなかった

のに」「もっと算数の勉強をしていたらよかったのに」などと、今さら言われてもしかたがないことを言われても、嫌な気分になりこそすれ、改善には結びつきません。「変えられること」と「変えられないこと」を分別し、前者は改善のための努力をさせ、後者は赦します。

無分別③　「どうせ」という言葉を使うこと

「どうせオマエにはやり通せっこない」「どうせオマエの決めた目標なんて守れっこない」など、「どうせ」は過去のデータに基づいて未来を値引く言葉です。毒がきつくなるのは子どもがこの「どうせ」という無分別を採用してしまった場合です。「どうせ、ぼくなんかにできっこない」と、挑戦する前から決めつけてしまったら、子どもはどうやって成長したらいいのでしょうか？　「これまで」と「これから」を分別しましょう。生化学的にも私たちの身体は常に更新し続けています。

無分別④　苦手意識のもと

「算数が苦手」「体育が苦手」「勉強は苦手」などと無分別なことを言う人の大部分は「算

数の一部分」「体育の一部分」「勉強の一部分」を味わって苦かったがために、それぞれの広い世界全体を苦いと決めつけています。「部分」と「全体」を分別しましょう。子どもがまだ味わっていない別の部分に美味しいところがあるかも知れません。

毒になる言葉のもう一つの代表例が「ちっとも」です。これはしばしば「無」と「微」の無分別から発せられます。

「成績がちっとも伸びないね」

「ちっとも勉強をしてないじゃない」

でも、言われた子どもが自分ではがんばっているつもりだったら、その子の気持ちはどうなるでしょうか。「いくらがんばっても前進していないんだ」と子どもが思ってしまったら、勉強へのモティベーションは落ちてしまいます。むしろ、「試験の点数は前と変わらないけど、あなたが一生懸命勉強しているのはお母さん、知っているよ。根気よく続ければ、絶対に点数が上がるからね、大丈夫だよ」と励ましてあげたほうが、子どものモティベーションは上がるのではないでしょうか。

子どもの成長を見るときに大事なことは、「水面下の成長」にしっかりとまなざしを注ぐことです。「水面下の成長」とは、「目に見える結果にまだ反映されていないけれども、着実に伸びている」ことをいいます。水鳥の足が水面下で一生懸命に水をかいているところを想像してください。水面に隠れて見えませんが、確実にがんばっているのです。

さて、この「ちっとも」に「せっかく」や「○○してあげたのに」が加わると、さらにストレスを生む言葉になります。たとえば、「せっかくあなたを塾に行かせてあげているのに、ちっとも成績が上がってくれないわね」というような具合です。この言葉の背後には、保護者の「自分が努力したのだから、あなたはそれに応えねばならない」というような〝ねば・ネバ思考〟があります。加えて、「子どもは親の思いどおりになるはず」という勘違いがひそんでいます。これは「相手が変わること」と「自分が相手に影響を及ぼそうとすること」の無分別です。

まず親は、「他人は自分の思いどおりにはならない。子どもだって同じこと」という現実をきちんと受け入れることです。「塾に行かせているのは、子どもの希望を叶えてあげたいから。でも、その希望を叶えるために努力するかどうかは子どもしだい。親が強制することではない」と考えてみてはどうでしょうか。

「せっかく、○○してあげたのに、ちっとも」と言いそうになったらいったん口をつぐみ、水面下の成長に目をやり、着実に積み重ねられている子どもの努力をたたえてあげましょう。たとえば、こんなふうに。

「お母さんは、あなたが○○をできるようになったのを知ってるよ。そこまでがんばってるのってスゴイね」

これならひょっとすると、子どもの成長にいい影響を及ぼすことになるかもしれません。

「無」はいくら積み重ねようとしても重なりません。積み重ならない、前進しないという認知は「無力感」につながります。「無力」は何を生み出す力にもなりえません。一方、「微」は継続すれば積み上がります。前進します。また一人一人は「微力」でも力が合わされば世界をよくすることが可能です。

「カタリラ」と「分別」を中心にストレスマネジメントの方法をお話ししました。子どもがデレ～、グタ～となれる、寛ぎの時空間を提供し、在るがままを受容し（為すがままではありませんよ）、子どもの語りを「傾聴・敬聴」によって支えることが、心の「応急的（最初の first）」手当になるばかりでなく、「一番大切な（first）」手当になります。

あとがき

「ママ、どうにかして！」を脱するために

「若いうちの苦労は買ってでもさせよ」。これが当初、私が思い描いた本書の題名でした。きっと出版されるころにはいくらかの変遷を経ているでしょう。

第2章でご紹介しましたが、80歳を過ぎて東日本大震災という人生3度目の災害にあい、人生初体験の商売である居酒屋の開業という新しい生き方を始めたご婦人と出会ったのが、本書を書く動機につながっています。〈何があろうとも、挫けずに、最後までやり抜く〉。そんな力を子どもたちの中に育てたいのです。

自然災害、貧困、テロ、やまい……。この先どんな苦難が子どもたちの未来に待っているかわかりません。でも、へこたれないでほしい。あきらめないでほしい。どんなに辛いことがあっても、仲間と力を合わせて乗り越えていってほしい。そのためにはある種の力が必要です。その力を育てるために、若いうちの苦労は買ってでもさせてほしいと思いました。

一方で現実はどうでしょうか？　「バイトをクビになったから死にたい」「いじめられて自殺を図った」……。あの被災地のご婦人の爪の垢を煎じて飲ませたい、と本当に思います。しかし嘆いていても始まりません。そこで、「立ち直る力」や「やり抜く力」を家庭で育てていただくための方法を考えました。

転べば、「さっさと立ちなさい」と言いながらも親が立たせてくれる。こぼしたり、散らかしたりしても、「何やってんの！」と、見ればわかることなのにの疑問文をぶつけながら親が後始末をしてくれる。

子どもが「どうしよう？」と言えば、親がどうにかしてくれる。小学校で遅刻しても親がどうにかしてくれる。宿題や夏休みの課題が終わらなくても、親がどうにかしてくれる。

親がどうにかしてくれる限り、子どもは楽チンです。何年か前のことですが、電車の中吊り広告を見て愕然とした記憶があります。それは有名経済誌の広告です。曰く「親と子で勝つ！　就活」

就職まで親がどうにかしてくれると子どもたちが勘違いしたら、この社会は大きなコドモちゃんの遊園地みたいになってしまうのではないでしょうか。そしていずれ親が先に逝った後、「ボクちゃん、まいごになっちゃった」と泣きべそをかく中年の男女が見えた気がしたのが、私の幻想であってほしい。

親にどうにもできないのが、中学入試の試験会場（親が学校の壁をよじ登って、我が子にカンニングペーパーを渡そうとしているニュースを見たことがありました。外国のことでしたが、ゾッとしました）。

そして、親は合否判定会議での発言権はないので、合否の判定も親にはどうにもできない。「ママ、どうにかして！」には応えられない。

そして合否発表。子どもは自分でやったことの結果に向き合わざるをえない。たとえ結果がどうであろうとも。だから中学受験は「ママ、どうにかして！」を捨てていくのになかなか好都合な仕掛けです。そもそも中学受験を目指して以来このかた、〈やりたくなくても我慢してやり〉〈やりたくても我慢してこらえ〉、いくつもの小さな挫折や葛藤や悔しさを経験して、そしてそれらを乗り越えてきています。けっこう、よい苦労じゃありませんか？　そういう苦労は買ってでもさせる値打ちがあります。

有り難や、有り難や

中学進学は子どもの成長の一里塚。同時に子育ての一里塚。そこまで生きてきたことは目出度いことです。それは有り難いことであり、決して当たり前のことではありません。医療や栄養に不足があった昔のこととしてはわかりやすいでしょうが、21世紀の今だって少し違う意味で「当たり前」ではないのです。

皆さんの子どもが生まれてくるには、その前提として親である皆さんご自身が大人に育ててもらわねばならなかった。それは決して「当たり前」のことではなく、たくさんの「有り難いこと」や親御さんのたくさんの努力があってのことでした。そしてこの前提は前へ前へと先祖にさかのぼっていきます。ですから、いま、こうしてこの本を手に取っている（つまり、今日まで生きてきた）ということは、「有り難いこと」の蓄積の上に成り立っているのです。お子さんの一里塚が見えてきたということも同様に「有り難いこと」なのです。

古くさいことを書きます。「子どもは宝物」と昔から言われてきました。そのとおりだと思います。10カ月ほどを「お宮」で過ごし、前述のような「有り難いこと」が厚く蓄積した歴史の上に授かったこと、世界にも歴史上にも一つしかないこと（唯一性）、二度と繰り返せないこと（一回性）、これらを思うとき、人間は一人一人が宝物であるということがあらためて明らかになります。

その宝物がこの世界に登場したとき、最初にしてもらうことがあります。それは「抱きかかえる」ということです。よほど異常な事態でない限り、分娩してそのまま転がされ、放置されるということはありません。私たちはみな「抱きかかえられて」人生を始めます。

やがて体重が増えていつまでも「抱きかかえられる」わけにはいかなくなりますが、心理的に抱きかかえられているという感じは、私たちにとってあらゆる挑戦を支える土台になります。

一方、ゆりかごの心地よさの一つは「揺らされること」です。しっかりした土台の上でほどよく「揺らされること」はときに快感であり、ときにちょっと不安になる刺激になります。やがて、ゆりかごに収まらなくなるほど成長しても、この「揺らされること」は人生にはつきものであるし、必要だとも言えます。「若いうちの苦労」はこの「揺らされること」に相当します。

しっかりと心理的に抱えられていると感じる土台があり、その土台の上で「揺らされる」こと、すなわち刺激を受けて育つことが〈やり抜く力〉を育てることになると私は考えています。このときの大切な条件は、「ゆりかごはしっかりしていなければならない」ということです。「揺らされている感」が「支えられている感」を超えると不安が高じます。若いうちの苦労（揺らし）を買ってでもさせられ、そのことによって心の傷を受けたり、自信を失ったり（苦労の副作用）しないためには、しっかり支えられていると子どもが感じていることが大切です。

開成に入るときのこと

これからお話しすることは、第2章や第3章で触れたことと重複することになりますが、私にとってはとても大切な思い出なのでどうぞお許しください。

先述したように、私は開成中学という学校を受験し、入学しました。その入試の2年ほど前から池袋にある私塾に通いました。学校から帰った夕方、世田谷の私鉄の駅の窓口で「池袋、渋谷経由、コドモ1枚」と告げ、駅員さんから切符を受け取るという行為は私にとって社会的コミュニケーションの成功を体験した2番目の場面だったかもしれません（初の場面はまた別の機会に）。私鉄と国鉄を乗り継いで40分あまりで池袋につきます。繁華で怪しい池袋の街中を通り抜けた場末にある、木造アパートの2階がその塾のある場所でした。

アパートのほかの住民との共用の玄関で靴を脱ぎ、木の狭い階段を上ると和室。その畳の上にいくつか和卓が置かれ、まわりに生徒が座って一人一人が「自分のこと」をやっています。問題を解きながら質問があったら塾長先生に問いかけます。夏場は、開かれた窓の端に座っていらっしゃった先生がどんな質問にもお答えくださっていました。そう、どんな質問にもです。どういうことか。

その塾は開成中を受験しようとする子どもたちと開成で学ぶ中高生達とが肩を並べて学ぶ場だったからです。私が『最上級の算数』（当時の受験用問題集）を持って質問に行った後、高校生が数Ⅱの問題集を持って質問に行ったりしていました。隣で自分が受験しようとする学校の学生が勉強している姿を見て、あこがれが増幅しないはずはありませんでした。

あるとき、そのアパートの狭い階段を上ってきた大学生の青年が世田谷の自宅まで来てくれました。そして、その日から、私に個人指導をしてくださるようになりました。その青年から、たくさんのことを学びましたが、第2章でも書いたとおり、今の私が座右の銘にしている次の言葉はその青年から教わったものです。

「学問とは、それ自体が貴いものではない，学べ、学べ、学んだすべてのものを、世の人のために尽くしてこそ価値があるのだ」（内山壽一先生）

この言葉は、私がカウンセリングをしたり、東北などの被災地に出かけて行ったり、誰もが自分や周囲の人達の心のケアができるようにと一般社団法人コミュニティ・カウンセラー・ネットワークを立ち上げ、コミュニティカウンセラーの養成・育成に情熱が傾けられている熱源となっています。

さて、当時の誰も、その青年が後年、東京大学の教授を経て、開成中高の校長になるとは予想できなかったでしょう。

このあとがきを、父のことを書いて締めくくります。

父も開成の卒業生です。だからかもしれませんが、中学受験を意識するかなり前に父に連れられて開成を一度だけ見物に行った記憶があります。当時も今と同じ場所に学校はありましたが、まだ西日暮里の駅はありませんでした。

その父が私の受験準備に加担したのは次の2点のみだと、子どもの私には見えていました。もちろん、見えないところでは気を揉んだり、お金を準備したりとさまざまな世話になってはいるのは間違いありませんが。

第一は、開成を卒業して大人になるのはいいことだ、と父の生き方や友人づき合いなどの様子によって示してくれたこと。

第二は、池袋の塾を出て、夜遅く世田谷の駅に着く私を出迎えてくれていたこと。たぶん毎回のはずはないのですが、私の脳には「いつものこと」として記憶されています。ですから、本書に登場した「ミオ」をきっぱり他人事として見ることは私にはできません。

私は開成という私学から、大学、勤務先など、「私」が設立した学校で多くの時間を過ごしてきました。あらためて思います。私学とは濃縮され熟成された「意味の鍋」だと。

その鍋にドボンと入って味を染み込ませ、意味「漬け」になるのが、私学で学ぶ意味だと。そして、その意味の風味こそが、人生を意味あるものに味つけしてくれるのです。

「学べ、学べ、学んだすべてのものを、世の人のために尽くしてこそ価値があるのだ」という意味の「味」を知ってしまうと、もうやめられません。行列をしてでも味わいたくなる。長居をしていつまでも味わっていたくなる。なぜなら、学べることも尽きないし、世の人はあまりに多すぎて、私が生き抜いても尽くしきれないから。

二〇一六年八月　　田中純

田中純／たなか　じゅん
1955年東京生まれ。開成中学校・高等学校、国際基督教大学（ICU）教養学部教育学科卒業。神経研究所附属晴和病院、南新宿診療室を経て中学高等学校教諭となる。公文国際学園開校準備に参加し、開校後は学校カウンセラーとして勤務。現在は赤坂溜池クリニックやNISE日能研健康創生研究所等でカウンセリングやコンサルテーションを行っている。学生・生徒、勤労者などのカウンセリングや心理予防教育、家族や組織へのコンサルティングに加え、がん患者と家族の心理的支援などを専門領域としている。2011年にコミュニティ・カウンセラー・ネットワークを立ち上げ、ストレスマネジメント１０１（基礎講座）などを通じて、子どもにもできるストレスマネジメントの生活習慣をこれまで1万人以上に伝えてきている。目標は日本の全家庭にこの生活習慣が浸透すること。東日本大震災をきっかけに“みんなの身近に心の安全地帯をつくる”ことを目的としてコミュニティ・カウンセラーの養成も始め、既に300名ほどが活動している。2014年2月より一般社団法人コミュニティ・カウンセラー・ネットワーク代表理事。「一家にひとり、一課にひとりのコミュニティ・カウンセラー」が目標。養成講座は16時間。詳しくは http://ccnj.info　をご参照ください。
著書『ストレスに負けない家族をつくる』みくに出版、共著『小児がんピアサポーターガイドブック』創英社／三省堂書店
ストレスマネジメント＆心のケア　Don's Office
don@song.ocn.ne.jp

表紙カバー・表紙イラスト、扉英字／上田みゆき

中学受験は挑戦したほうが100倍子どものためになる理由
迷っている親子のための受験のすすめ

2016年9月16日　初版第1刷発行
2018年3月16日　　　第2刷発行

著　者　　田中　純
発行者　　安　修平
発　行　　株式会社みくに出版
〒150-0021 東京都渋谷区恵比寿西2-3-14
電話 03-3770-6930　FAX.03-3770-6931
http://www.mikuni-webshop.com/

印刷・製本　サンエー印刷

ISBN978-4-8403-0652-2　C6037

定価はカバーに表示してあります。